Steve Hoskins

Siebdruck mit wasserlöslichen Farben

:Haupt

Siebdruck mit wasserlöslichen Farben

STEVE HOSKINS

Verlag Paul Haupt
Bern • Stuttgart • Wien

Die englische Originalausgabe erschien unter dem Titel *Water-based Screenprinting* bei A & C Black, GB-London
Copyright © 2001 by Steve Hoskins

Aus dem Englischen übersetzt von Birgit Lamerz-Beckschäfer, D-Datteln
Satz der deutschen Ausgabe: Thomas Heider, D-Bergisch Gladbach

Umschlag vorne: *Golden Section 10* von Steve Hoskins
Umschlag hinten: *Lips and Jugs* von Donna Moran
Seite 2: *Golden Section 11* von Steve Hoskins

Die Deutsche Bibliothek – CIP-Einheitsaufnahme

Hoskins, Steve:
Siebdruck mit wasserlöslichen Farben / Steve Hoskins. –
Bern ; Stuttgart ; Wien : Haupt, 2002
   Einheitssacht.: Water-based screenprinting <dt.>
   ISBN 3-258-06424-5

Anmerkung des Verlages: Beim Drucken werden bisweilen gefährliche Substanzen und scharfe Werkzeuge verwendet. Befolgen Sie stets die Anweisungen des Herstellers und bewahren Sie Chemikalien und Farben mit klarer Beschriftung und außerhalb der Reichweite von Kindern auf. Alle Informationen in diesem Buch wurden sorgfältig recherchiert. Weder der Autor noch der Verlag können jedoch Haftung für Fehler oder Versäumnisse übernehmen.

INHALT

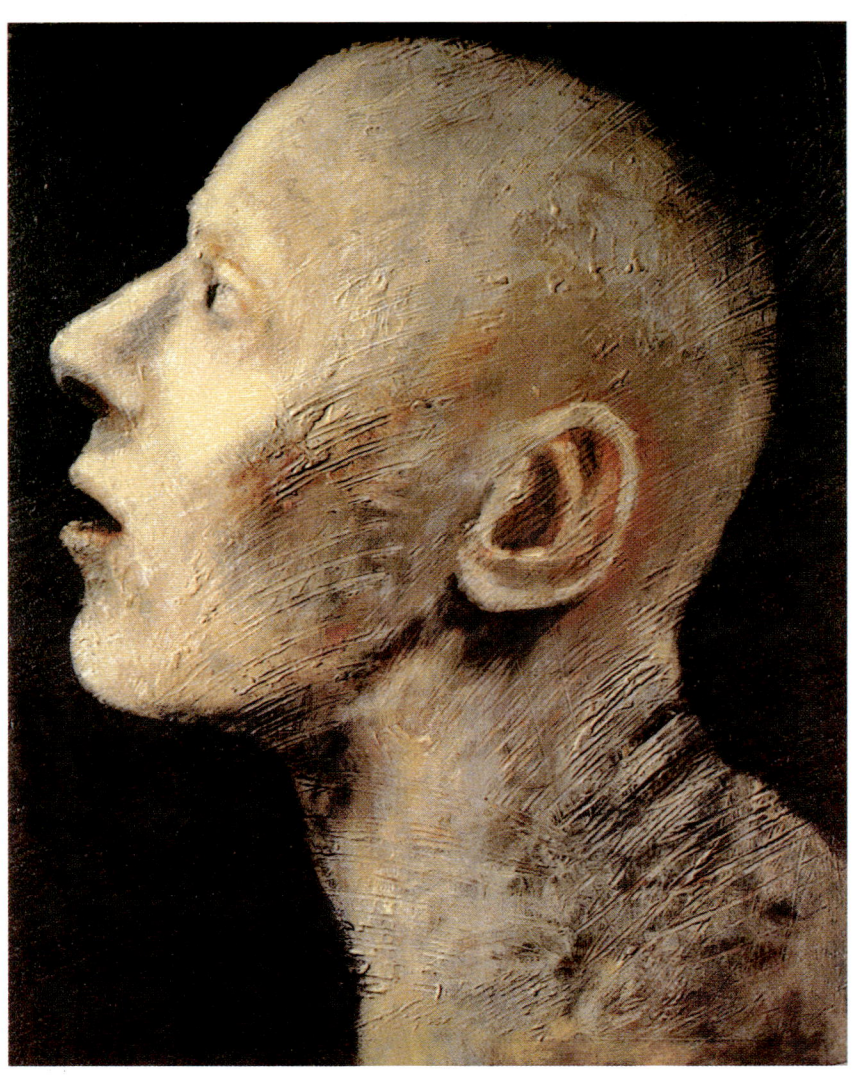

Head von John Kirby, GB. Siebdruck und Holzschnitt, 74 x 62,5 cm, Auflage
100 Stück. Mit freundlicher Genehmigung der Angela Flowers Gallery.

DANKSAGUNGEN

Mein Dank gilt John Purcell für seine Beratung zum Thema Papier und für die Erlaubnis, mich im Wesentlichen auf seine Definitionen zur Beschreibung der einzelnen Papiersorten stützen zu dürfen. Keith Jones danke ich dafür, dass ich seine Anleitung zum Einscannen in einen Macintosh-Computer verwenden durfte, denn dieses Thema hätte ich ohne fremde Hilfe nicht bewältigt. Graham Parrish danke ich für seine Geduld beim Fotografieren und allen an der University of West England für ihre Unterstützung, insbesondere Dave Fortune und Andrew Atkinson, aber auch Richard Anderton, Sarah Bodman und Carinna Parraman. Dank aussprechen möchte ich auch Rosemary Simmons für ihre mit freundlicher Kritik angebrachten Korrekturen und Kevin Petrie für seine Anregungen. Richard Dixon Wright bei Invernesk Paper danke ich dafür, dass er uns in der Papierfabrik fotografieren ließ; Libby Lloyd für ihre Hilfe und die Fotoerlaubnis im Bath Spa University College. Linda Lambert und Michelle Tiernan von A & C Black gebührt Dank für ihre unglaubliche Geduld. Ferner danken möchte ich allen, die großzügig Dias zur Verfügung stellten, insbesondere Dennis O Neil und Allan Mann für Rettung in letzter Minute – und nicht zuletzt meiner Frau Barbara für ihre Beharrlichkeit.

Rocket wheel von Penny Brewill, GB. Konstruktion aus Siebdruck und Radierung, 112 x 76 cm, 1993. Mit freundlicher Genehmigung der Künstlerin.

EINLEITUNG

In nur dreißig Jahren entwickelte sich der Siebdruck zu einem der vier wichtigsten Druckverfahren. Die Druckwerkstätten an Kunstakademien sind meist unterteilt in Radierung, Lithografie, Hochdruck und Siebdruck. Heute ist kaum verständlich, dass noch 1967 in Leserbriefen an die englische Tageszeitung The Guardian in Frage gestellt wurde, ob der Siebdruck als Form des künstlerischen Ausdrucks überhaupt akzeptabel sei.

In den 1990er-Jahren geriet das Verfahren erneut ins Kreuzfeuer, als sich Künstlerinnen und Künstler zunehmend Gedanken über die langfristigen Gesundheitsschäden machten, die durch einige der früher bedenkenlos eingesetzten Chemikalien hervorgerufen werden können. Durch die Einführung wasserlöslicher Siebdruckfarben konnte der aufgrund gesundheitlicher Bedenken und ungünstiger Arbeitsbedingungen rückläufige Trend zumindest in Großbritannien erfreulicherweise aufgehalten werden.

In den vergangenen zehn Jahren haben sich wasserlösliche Siebdruckfarben zu einem erfolgreichen Bereich des Druckgewerbes etablieren können. Als ich 1995 die Gemini GEL Studios in Los Angeles (USA) besuchte, wurde dort für David Hockney eine Serie von Drucken mit wasserlöslichen Farben von TW Graphics aufgelegt. Das war der optische Beweis dafür, dass Wasserfarben selbst höchsten Ansprüchen genügen können und in Farbgüte, Feinzeichnung und Oberflächenqualität durchaus allen bisherigen Farben ebenbürtig sind. Wenn sie für einen erstrangigen Künstler wie Hockney eingesetzt werden, dürfte ihre Qualität meines Erachtens außer Frage stehen.

Von den vier führenden kommerziellen Siebdruckateliers in London haben zwei bereits auf wasserlösliche Farben umgestellt, und auch die beiden anderen finden sich allmählich damit ab, dass sie sich angesichts der jetzt heranwachsenden Künstlergeneration, die sich ausschließlich mit wasserlöslichen Siebdruckfarben auskennt, früher oder später ebenfalls auf einen Wechsel einstellen müssen. Die Kunstakademien in Großbritannien und Nordirland waren durch Änderungen des Arbeitsschutzgesetzes und der Bestimmungen über den Umgang mit gesundheitsgefährdenden Stoffen zur Umstellung auf Wasserfarben gezwungen. Dass wasserlösliche Druckfarben zudem erheblich preiswerter im Gebrauch sind, trägt sicher nicht unwesentlich zu ihrem Erfolg bei. Angesichts der drastischen Kürzung der Geldmittel pro Studienplatz ist eine kostenlose Reinigungslösung – Wasser – ein klarer Vorteil, mit dessen Hilfe die Siebdruckwerkstätten der Kunsthochschulen zumindest derzeit noch überleben und arbeiten können.

Wie jede Innovation und jede Veränderung vertrauter Arbeitsabläufe fiel auch die Umstellung auf wasserlösliche Siebdruckfarben vielen Künstlerinnen und Künstlern nicht leicht. Insofern sollte bei unserer Einführung in die neue Arbeitsmethode klar konstatiert werden, dass der Umgang mit wasserlöslichen Farben im Siebdruck sich von anderen Farben auf Lösungsmittelbasis grundlegend unterscheidet. Wasserfarben sollten nicht als Ersatz gesehen werden, sondern als neues Medium, das über die vielen Vorzüge der bekannten Malmittel hinaus weitere, neue Qualitäten aufweist. Ihr ästhetisches Potenzial übersteigt das bisher Machbare in vieler Hinsicht, ganz abgesehen von sehr willkommenen Nebeneffekten wie der Vermeidung übel riechender, schädlicher Dämpfe und dem deutlich geringeren Preis.

Die Entwicklung wasserlöslicher Künstlerfarben begann Ende der 1980er-Jahre. Die Schweizer Firma Lascaux produzierte beispielsweise im Rahmen ihrer Palette hochwertiger Künstler-Acrylfarben auch eine Siebdruckfarbe, die von der University of the West of England in Bristol erstmals an einer britischen Kunsthochschule eingesetzt wurde. Obwohl die Auswahl in den USA dank TW Graphics, Union, Hunts Speedball und Createx größer war,

Untitled von Dale Deveraux Barker, GB. Monoprint-Siebdruck und Mixed Media (auf Ölbasis), 60 x 100 cm, 1997. Druck durch den Künstler. Mit freundlicher Genehmigung des Künstlers.

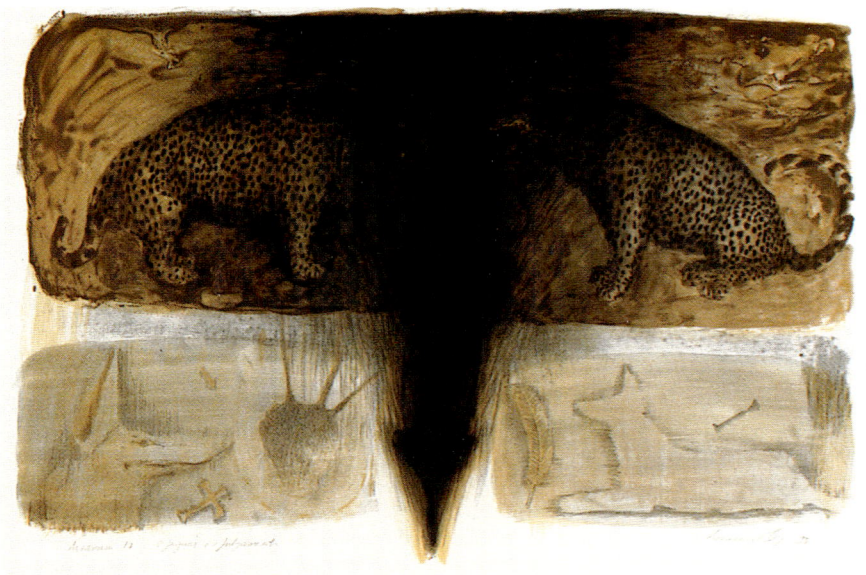

Arcanum 1, o Jaguar e o Julgamento von Nogueira Fleury, Brasilien. 52,2 x 88,5 cm,
Auflage 40 Stück, 1995. Druck und Publikation durch Pratt Contemporary Art, Kent,
England.

setzte sich das neue Material dort nur zögernd durch, zum Teil aufgrund
mangelnden Interesses der Kunsthochschulen, zum anderen aber auch
wegen der dort führenden Rolle der Lithografie.

Der Wechsel von Lösungsmittel- zu Wasserfarben bedeutete nicht nur
einen Wechsel von einer Marke zu einer anderen, sondern vielmehr die Umstellung auf ein völlig anderes Verfahren, das nur wenig mit dem bisherigen
gemeinsam hat. Siebdruck mit wasserlöslichen Farben erfordert andere
Methoden für den Entwurf und die Herstellung von Schablonen, andere
Druckverfahren und auch andere Papiersorten. Besonders problematisch
fanden die meisten Künstler, dass ihre oft über viele Jahre angesammelten
Farbvorräte nutzlos sein sollten, denn da Drucker oft sparsame Menschen
sind, hatten viele den Eindruck, Geld aus dem Fenster zu werfen.

Es überrascht daher nicht, dass das Verfahren zunächst nicht generell
akzeptiert wurde. Erst allmählich machte man sich mit einer bestimmten
Marke vertraut, und die Resultate waren, abgesehen von gesundheitlichen
Vorteilen, ästhetisch nicht berauschend, was meiner Meinung nach eher eine
Frage der Einstellung als der Materialqualität war. Eine Übergangsphase von
fünf Jahren war nötig, bis die ältere Künstlergeneration aufhörte, das neue
Medium mit altbekannten Materialien zu vergleichen, und eine neue Gene-
ration heranwuchs, die nur mit wasserlöslichen Farben gearbeitet hatte.

Da diese Kunstschaffenden sich nicht auskannten, stellten sie viele Fragen: Kann man damit feinste Halbtöne drucken? Welche Druckfarbe soll
ich nehmen? Kann ich die Trocknung verzögern oder beschleunigen? –
Fragen lassen neue Lösungen entstehen. Die Drucker prüften, welche Pro-

dukte für welche Anforderungen am besten geeignet waren, und erweiterten damit den ästhetischen Spielraum, den das Verfahren bietet, ganz erheblich. Inzwischen wissen wir von vielen Produkten sehr genau, welchen speziellen Anforderungen sie gerecht werden. So bieten sich etwa die preisgünstigen Farben von Daler Rowney besonders für Hochschulen an, während TW-Graphics-Farben für hochwertige Kunstdrucke und die Firma Lascaux Druckfarben für besonders detailreiche Halbtonarbeiten anbietet. Das Ver-

The Negotiators von Peter Howson, Schottland. 97 x 75 cm, Auflage 50 Stück, 1990. Druck durch Glasgow Print Studio. Mit freundlicher Genehmigung der Angela Flowers Gallery.

fahren selbst ist inzwischen anerkannt und steht in einem historischen Kontext. Kunstdruckereien von Gemini in Los Angeles bis zu Glasgow Print Studios in Schottland benutzen diese Materialien für den Druck von Werken von Künstlern wie David Hockney und Peter Howson. Der Siebdruck mit wasserlöslichen Farben ist mittlerweile aus der Palette der von Kunstdruckern verwendeten Arbeitsmittel nicht mehr wegzudenken.

Langfristig gesehen glaube ich nicht, dass der derzeit praktizierte Ansatz sich länger als vielleicht noch fünfzehn Jahre halten wird. Das bedeutet aber keineswegs, dass der Siebdruck keine Zukunft hätte, ganz im Gegenteil. Von allen Druckverfahren ist dieses am anpassungsfähigsten, und ich bin fest davon überzeugt, dass es dank künftiger Weiterentwicklungen und Adaptionen überleben wird. Dazu braucht man sich nur zu vergegenwärtigen, dass lösungsmittelhaltige Siebdruckfarben für den Anwender gesundheitsschädlich waren. Die dafür erforderlichen Chemikalien waren giftig und mit vielen Warnhinweisen versehen. An ihrer Stelle wasserlösliche Materialien zu benutzen, bietet deshalb für die praktische Anwendung enorme Vorteile. Unter Umweltschutzgesichtspunkten jedoch ist der Unterschied zwischen lösungsmittelhaltigen und wasserlöslichen Druckfarben nur gering. Bei beiden handelt es sich um petrochemische Erzeugnisse, zudem sind Acrylharze nicht problemlos abbaubar und deshalb schwierig zu entsorgen. Acrylrückstände können zwar bei der Trinkwasseraufbereitung herausgefiltert werden, sind aber anschließend als Sonderabfall zu entsorgen.

Zunehmend striktere Umweltgesetze werden diese Produkte deshalb in absehbarer Zeit erneut zur Diskussion stellen und letztlich Lösungen fordern, die für Anwender und Umwelt gleichermaßen unschädlich sind. Ebenso wie in jedem anderen Bereich des Druckgewerbes gibt die Industrie auch beim Siebdruck das Tempo für Veränderungen vor. Wir Künstlerinnen und Künstler greifen zwar die verschiedenen industriellen Entwicklungen für unsere Bedürfnisse auf, sind jedoch darauf angewiesen, dass in der Industrie ebenfalls ein spezifisches Bedürfnis besteht, das die jeweiligen Entwicklungskosten für ein bestimmtes Produkt von vornherein rechtfertigt.

Was also sieht die Zukunft für den künstlerischen Siebdruck aus? – Wie bereits gesagt, wird das Verfahren gerade wegen seiner Anpassungsfähigkeit überleben. So lassen sich beim Siebdruck am ehesten autografische (handgezeichnete) und fotografische Bildelemente auf nur einer Schablone kombinieren. Schon jetzt werden breite Schablonenfilme angeboten, die auf einerseits mit Tintenstrahldruckern erzeugte digitale Bilder und andererseits Handzeichnungen bis hin zu feinsten Lavierungen zulassen. Im kommerziellen Bereich werden Vorlagen bereits mit dem Tintenstrahldrucker direkt auf das mit lichtempfindlicher Emulsion beschichtete Sieb gedruckt. Sobald dieses Verfahren preiswerter wird und man die Geräte gebraucht erwerben kann, wird sich diese Technik auch für den Kunstdrucker anbieten. Dank der Einführung wasserlöslicher Druckfarben ist dieses neue, mehr Spielraum bietende Medium bereits jetzt allen zugänglich und benutzerfreundlich.

Der Druckbereich steht derzeit am Scheideweg und muss sich angesichts der digitalen Bildverarbeitung erneut der Diskussion stellen. Drucken kann entweder als altmodische Ausdrucksform aufgefasst werden, die von der Bildschirmkultur des neuen Jahrtausends abgelöst wird, oder aber als gemeinsam erarbeiteter Prozess mit sich wandelnden Auffassungen verstanden werden, der das Neue in sich aufnimmt, ohne auf das Alte zu verzichten.

Hieraus ergibt sich die Frage: »Wozu überhaupt drucken?« Für Siebdrucker geht es vor allem um Oberflächenstruktur und fühlbare Qualität, die sich aus der Arbeit mit einem Papierbogen ableitet, und um die Möglichkeit der kontrollierten Erzeugung von Flächen und Farben, wie sie kein anderes visuelles Medium bietet. Im besten Fall lassen sich voluminöse Farbschichten drucken, die erhaben auf der Oberfläche des Bogens aufliegen und geradezu leuchten. Auch Tastsinn und Gefühl sind für Kunstdrucker/innen wichtige Aspekte. Es ist wirklich ein großes sinnliches Vergnügen, auf feinstes handgeschöpftes Japanpapier zu drucken. Diese »Intimität« führt natürlich zu einer intensiveren Beschäftigung damit, wie solche Qualitäten vermittelt werden. Sind sie nicht vorhanden, leidet stets auch die Vermittlung des Bildinhalts. Die Beschäftigung mit den technischen Grundlagen des Druckens ist deshalb wesentliche Voraussetzung für einen gelungenen Kunstdruck.

Gerade deshalb stehen Kunstdrucker/innen an der Wende vom 20. zum 21. Jahrhundert vor einem Dilemma: Ohne Kenntnis der technischen Abläufe können keine wirklich guten Drucke entstehen, doch wer die Technik anerkennt, setzt sich zugleich der Kritik aus, er gebe ihr den Vorzug vor dem Inhalt. Bekanntlich lautet die erste Frage, die zwei Kunstdrucker angesichts eines Druckes äußern: »Wie ist das gemacht?« Das ist jedoch keineswegs eine Abkehr vom Inhalt, sondern lediglich ein gemeinsamer erster Ansatz für den Dialog unter Kollegen, der für Kunstschaffende so ungemein wichtig ist. Gerade die Zusammenarbeit mit Kollegen führen Kunstdrucker/innen als wesentliches Element ihrer Fachrichtung an, und nicht zufällig entstanden einige der besten und innovativsten Arbeiten der letzten fünfzig Jahre in Gemeinschaftsateliers.

Das Miteinander von Alt und Neu, Technik und Inhalt macht den Kunstdruck heute so spannend. Obwohl diese Publikation in erster Linie als technisches Handbuch gedacht ist, vermittelt sie doch zugleich auch, so hoffe ich, wie aufregend Siebdruck als Mittel zum Ausdruck künstlerischer Ideen ist.

Zunächst sollte ich eindeutig definieren, was ich unter »Siebdruck« verstehe: In seiner einfachsten Form besteht das Sieb aus einem mit feinmaschigem Gewebe bespannten Rahmen. Am Gewebe haftet die Schablone, so dass die Farbe nicht überall durch die Gaze dringen kann, sondern nur durch die »offenen« Bereiche des Siebs gedrückt wird. Dazu benutzt man eine Rakel, die aus einem biegsamen Blatt in einer starren Halterung besteht.

Wir beschäftigen uns mit allen Stadien des Siebdrucks vom Entwurf über die Herstellung und Lagerung der fertigen Auflage bis zum Signieren.

1. GESCHICHTE DES SIEBDRUCKS

Dieses Kapitel beschäftigt sich mit der Geschichte des Siebdrucks von seinen Anfängen zu Beginn des 20. Jahrhunderts bis zu seiner heutigen Bedeutung für Kunstschaffende des anbrechenden 21. Jahrhunderts.

■ Ursprünge

Die Anfänge des Siebdrucks werden häufig bereits im 14. Jahrhundert angesetzt, als Kreuzritter Gaze über Fassreifen spannten und mit Pech bestrichen, um das Johanniterkreuz auf ihre Fahnen zu drucken. Andere Quellen nennen die mit Haaren zusammengehaltenen zarten chinesischen Schablonen. Beide Verfahren sind insofern weitläufig mit dem Siebdruck verwandt, als sie einen mit Gaze bespannten Rahmen als Sieb verwenden und mit Hilfe von Schablone und Rakel ein Bild erzeugen. Selbst wenn man diese Definition akzeptiert, bleiben die Ursprünge des Siebdrucks weitgehend im Dunkeln. Pat Gilmour sagte 1978 in ihrem Katalog zur Ausstellung *Mechanised Image*: »Obwohl der Siebdruck als einziges grafisches Medium erst in unserem Jahrhundert entstanden ist, lassen sich seine Anfänge ebenso schwer rekonstruieren wie die Entwicklung des Hochdrucks im 15. Jahrhundert aus dem Wiegendruck oder Holzschnitt.«

Die wesentlichen Impulse für die Entstehung des Siebdrucks, wie wir ihn kennen, erfolgten um die Wende vom 19. zum 20. Jahrhundert. Zweifellos war das Verfahren 1916, als die Selectasine Company ein Patent erhielt, schon länger bekannt und bereits etabliert. Bei Durchsicht der Patente aus den Jahren 1880 bis 1916 findet sich eines, das 1887 Charles Nelson Jones aus Michigan erteilt wurde und das schon fast alle Elemente des Siebdrucks aufweist. 1907 erwirkte zudem Samuel Simon aus Manchester ein Patent, das viele Gemeinsamkeiten mit dem Selectasine-Patent von 1916 aufweist.

Elinor Noteboom aus Orange City, Iowa, beschäftigte sich eingehend mit den Ursprüngen des Siebdrucks und legte seine Anfänge als eindeutig definiertes Verfahren auf das Patent von 1887 fest. Sie ist überzeugt, dass sich der Siebdruck direkt aus der Schablonenvervielfältigung ableitet, und zwar von dem von Charles Nelson Jones erfundenen Verfahren über die Arbeiten A. B. Dicks, der mehrere Patente für diesen Prozess erwirkte, bis hin zum Selectasine-Patent von 1916. Von dieser Zeit bis in die 1930er-Jahre hinein wurde der Siebdruck zunächst rein gewerblich genutzt.

Rückblickend lässt sich die Entwicklung des künstlerischen Siebdrucks im 20. Jahrhundert je nach Verfahren in stilistische Kategorien unterteilen.

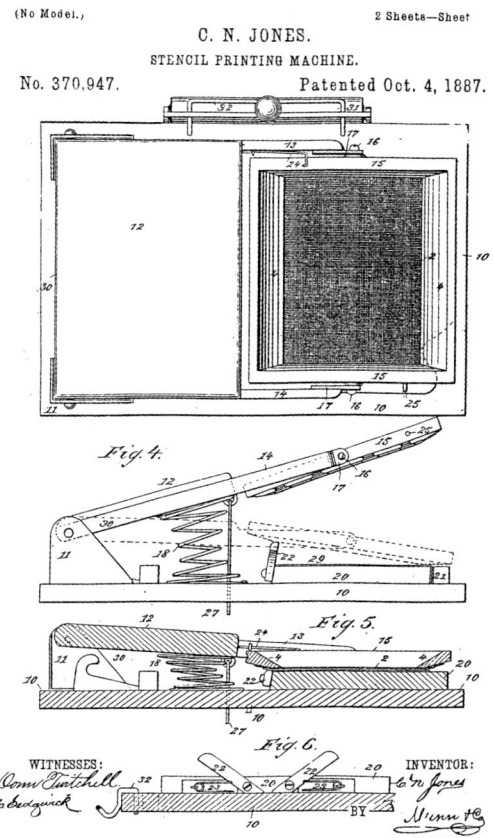

Die von Charles Nelson Jones im Jahre 1887 patentierte Siebdruckmaschine.

Während der Weltwirtschaftskrise unterstützte die US-Regierung in den 1930er-Jahren Künstler mit Projekten unter Federführung der Works Progress Administration. Gewerbliche Siebdruckverfahren wurden für künstlerische Ansprüche umgestaltet, und Künstler wie Harry Gottlieb und Anthony Velonis entwickelten neue Methoden, bei denen Lithografentusche als fetthaltiges Abdeckmittel aufgemalt und das Gewebe dann mit einem wasserlöslichen Siebfüller beschichtet wurde; nach der Trocknung wurde die Tusche mit Lösungsmittel ausgewaschen. Die mit diesem Verfahren erzeugten Drucke hatten eine weitgehend malerische Wirkung, da sie sichtbare Pinselstriche aufwiesen und die Schablonentechnik nur eine geringe Passergenauigkeit ermöglichte. Zur Abgrenzung vom gewerblichen Verfahren bezeichnete man den künstlerischen Siebdruck seitdem als Serigrafie.

Diese autografische (von Hand gestaltete) Methode, mit Lithografentusche ein Positiv auf das Sieb zu malen, setzte sich in dieser Epoche sowohl in den USA als auch in Europa durch, und sowohl die Besonderheiten als auch die Ergebnisse der ausgesprochen malerischen Bilderzeugung blieben bis zum Ende der 1950er-Jahre dominant. Die Drucke von Gottlieb und

Velonis (aus den 1930er-Jahren) wurden häufig reproduziert, und auch die Arbeiten William Turnballs, der in den 1950er-Jahren einige der frühesten katalogisierten künstlerischen Siebdrucke Großbritanniens schuf, entstanden bereits mit dieser Methode. Turnballs Drucke sind stark autografisch geprägt und zeigen eine große Affinität zum abstrakten Expressionismus.

Im kontinentalen Europa stellte Luitpold Domberger in Stuttgart während der 1950er-Jahre Siebdrucke für Künstler her. Technisch verlegte er sich eher auf Handschnittschablonen, und in Zusammenarbeit mit Künstlern wie Victor Vasarely und Josef Albers trugen diese neuen Verfahren dazu bei, die oft als typisches Siebdruck-Element angesehenen scharf abgegrenzten Farbflächen gesellschaftsfähig zu machen. Handschneidefilme wie Profilm waren zwar bereits Ende der 1920er-Jahre aufgekommen, wurden jedoch nach Domberger erst in den 1960er- und 1970er-Jahren wieder häufiger von Künstlern verwendet.

In den 1960er-Jahren vollzog sich im Siebdruck eine technische Revolution. Neue, lichtempfindlichere Filme für Fotoschablonen standen zur Verfügung, und die ersten Dünnschicht-Emulsionsfarben kamen auf den Markt. Der Begriff Pop Art wurde nun mit Siebdruck in einem Atemzug genannt. In Großbritannien entwickelte Chris Prater bei Kelpra den künstlerischen Siebdruck weiter, indem er mit einer Mischung aus Fotografie, Kollagen und Handschnittschablonen Arbeiten international anerkannter Künstler wie Eduardo Paolozzi, Richard Hamilton, Patrick Caulfield und Jim Dine druckte. (Über Prater sagte Richard S. Field 1973: »Praktisch im Alleingang hatte Christopher Prater in seinem Kelpra Studio in London die Metamorphose des Siebdrucks in eine bildende Kunst vollzogen.«) In den USA beeinflussten Künstler wie Andy Warhol und Roy Lichtenstein den Siebdruck in gleicher Weise. Gegen Ende der 1960er-Jahre hatte sich das Verfahren als wesentlicher Bereich des Druckgewerbes durchgesetzt.

Nun nahm die Entwicklung des Siebdrucks eine interessante Wende. Bei den Werken der 1970er-Jahre stand eindeutig die technische Brillanz im Vordergrund; aus dieser Zeit stammen meist komplexe Farbverläufe und handgefertigte fotorealistische Drucke mit 70 und mehr exakt passergenau eingerichteten Schablonen. Ich beispielsweise verdiente gegen Ende dieser Epoche viel Geld mit technisch virtuosen, mehr an der Farbgebung als am Bildinhalt interessierten Siebdrucken für die Innenausstattungsindustrie.

Ende der 1970er-Jahre verlagerte sich das Zentrum der Siebdruckherstellung. Die dominante Rolle der Amerikaner schwächte sich ab, als sich in den Staaten nach den 1970er-Jahren im Kunstdruck primär Lithografie und Radierung durchsetzten. In Großbritannien dagegen blieb neben der Radierung der starke Einfluss des Siebdrucks erhalten, während die Lithografie eher im Hintergrund stand.

Vorherrschend in den 1980er-Jahren war vermutlich der Einzeldruck (Monoprint). In Großbritannien taten sich vor allem zwei Londoner Druckateliers hervor: Chris Betambeau und Bob Saitch mit Advanced Graphics sowie die von Brad Faine geleiteten Coriander Studios. Letzterer verzichtete sogar teilweise auf das Sieb. So wurde etwa bei einer Serie großformatiger Einzeldrucke, die er mit Bruce Maclean gemeinsam produzierte, die Farbe direkt auf das Papier gegossen und dann mit der Rakel über die Oberfläche gezogen. Advanced Graphics begann dagegen, Serigrafien mit Holzdruck zu überdrucken und so die intensive Textur zu erzeugen, die ihre Arbeiten für John Walker und Albert Irvine kennzeichnet.

Jüngste Entwicklungen

Dass sich der Siebdruck für viele Kunstschaffende zur ersten Wahl entwickelte, hat mehrere Gründe. Ausschlaggebend war zum einen seine Schnelligkeit, Farbqualität und Vielfalt an bedruckbaren Substraten, zum anderen aber auch die Möglichkeit, große einheitliche Farbflächen schaffen zu können. Dank wasserlöslichen Farben kamen weitere Faktoren hinzu; so konnte man wie in der Lithografie feinste Laviereffekte hervorbringen. Dies beruht sowohl auf den Neuentwicklungen in der Schablonenherstellung und der Einführung wasserlöslicher Druckfarben als auch auf der Möglichkeit, dank der längeren Trocknung einiger neuer Farben viel feinere fotografische Halbtondarstellungen zu erzeugen. Ein Beispiel hierfür ist das im Pratt Contemporary Art Druckatelier produzierte Bild Nogueira Fleurys (siehe Seite 11). Solch große Drucke weisen sowohl sehr intensive Farben als auch in zahlreichen Schichten aufgebaute weiche Aquarellstrukturen auf.

Seit einigen Jahren testen Kunstdrucker generell die Grenzen ihres jeweiligen Fachgebiets. Der Siebdruck bietet sich dazu an, den neuen Anforderungen gerecht zu werden. Mehr Kunstschaffende als je zuvor sind an Drucken auf unterschiedlichen Oberflächen und Trägermaterialien interessiert, nicht zuletzt als Reaktion auf den großen Erfolg, den der Siebdruck in den letzten zwanzig Jahren im industriellen Bereich verzeichnete.

An Siebdruck interessierte Künstler/innen arbeiten daher oft mit mehreren Verfahren. In Kalifornien kombiniert Gemini GEL als eines der führenden US-Druckateliers beim Druck von David Hockneys Werken Siebdruck und Lithografie. Die kürzlich unter dem Titel *Hot off the Press* laufende Ausstellung bedruckter Keramiken zeigt auch das wieder erwachte Interesse an einer Kombination von Druckmethoden und Keramik. An der University of the West of England haben wir ein Transferdruckverfahren mit wasserlöslichen Farben für Keramik entwickelt, das hier beispielsweise durch Arbeiten des Experten Dr. Kevin Petrie vertreten ist (siehe Seite 20).

Ein weiteres Gebiet, das die immer weiter gefassten Grenzen des Siebdrucks erkennen lässt, sind Kunstbände. Früher hielt man Texte nicht für siebdruckgeeignet. Angesichts des heute üblichen Computersatzes und laserdruckfähiger Diafilme wird der Text üblicherweise mit wasserlöslichen Farben gedruckt, die langsam auf dem Sieb antrocknen und so ein gestochen scharfes Schriftbild ermöglichen, ohne dass die Farbe auf dem Sieb trocknet.

Revelation II von Ana Maria Pacheco, Brasilien. Siebdruck, 156,5 x 117,5 cm,
Auflage 15 Stück, 1993. Druck und Publikation: Pratt Contemporary Art, Kent, GB.

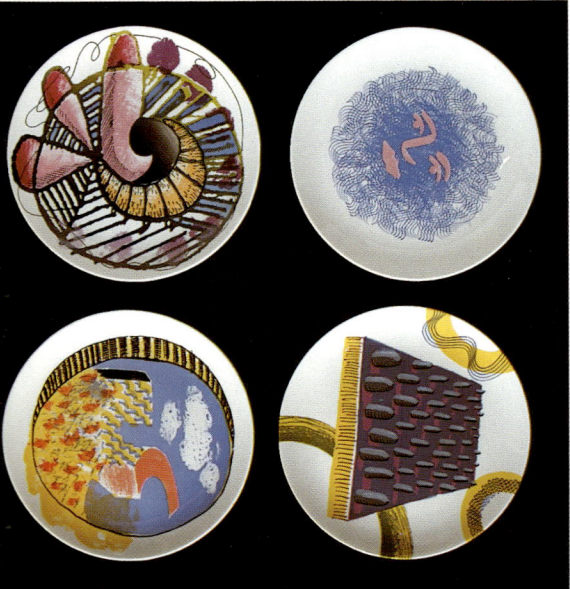

Ganz oben: *Four Plates* von Kevin Petrie, GB. Siebdruck/Aufglasur-Keramiktransferdruck, Durchmesser 25 cm, 1998.

Oben: *Handsome dish* von Kevin Petrie, GB. Siebdruck/ Aufglasur-Keramiktransferdruck, Durchmesser 30 cm, 1997. Mit freundlicher Genehmigung des Künstlers.

Industrielle Verfahren

In den letzten zwanzig Jahren entwickelte sich der Siebdruck zu einem wichtigen Industriezweig. Von einem gewerkschaftlich unorganisierten »armen Verwandten« der Druckindustrie mauserte sich der Siebdruck zu einer dominanten Position auf dem Markt außerhalb des Bereichs Papier und Karton. Eine Vielzahl von Produkten, von der heizbaren Autoheckscheibe bis zum Sensor, den man für Diabetes-Tests gebraucht, wird heute mit Siebdruck beschriftet. Die wesentlichen Sektoren des industriellen Druckwesens sind Grafik, Werbung in Geschäften, verarbeitende Industrie, Textilien und Bekleidung, Glas und Keramik, Elektronik einschließlich Schaltkreise und medizintechnische Geräte. Während sich in einigen traditionellen gewerblichen Siebdruckbereichen wie Kleinauflagen und Andrucken der großformatige Digitaldruck durchgesetzt hat, konnte der kommerzielle Siebdruck in neuen Gebieten Fuß fassen. So wird heute etwa die Oberfläche jeder CD direkt im Siebdruckverfahren bedruckt.

Mehr als jedes andere Druckverfahren hat sich der Siebdruck weiterentwickelt und auf den Markt eingestellt. Für Kunstschaffende hat diese kontinuierliche Anpassung an definierte Anforderungen den Vorteil, dass die ständigen Neuentwicklungen in der Industrie mit der Zeit auch im kleineren Rahmen verfügbar werden und von der Druckerzunft genutzt und variiert werden können.

2. ENTWURF UND SCHABLONEN-HERSTELLUNG

Im Folgenden werden auch das Zeichnen und Malen geeigneter Vorlagen von Hand und die fotografische Bildbearbeitung mit dem Computer oder mit Hilfe herkömmlicher fotografischer Methoden behandelt.

Ich setze in diesem Kapitel voraus, dass die künstlerische Bildgestaltung der Vorbereitung des Siebs vorausgeht. Ältere Methoden wie das direkte Bemalen des Siebs sind heute nicht mehr aktuell. Selbst mit Lösungsmittelfarben wird dieses Verfahren seit Jahren nicht mehr praktiziert. Beim Siebdruck mit wasserlöslichen Farben sind die Möglichkeiten der Schablonenherstellung direkt auf dem Sieb äußerst beschränkt.

Schablonen können aus verschiedenen Materialien von Hand gefertigt werden. Die heutigen Polymer-Direktemulsionen sind so lichtempfindlich, dass selbst bei feinen Strichzeichnungen, die früher unbrauchbar gewesen wären, noch eine gute Detailwiedergabe zu erzielen ist. Hieran lässt sich vielleicht der Unterschied zwischen »autografischen« und »fotografischen« Schablonen gut erklären.

»Autografisch« umfasst jede Kopiervorlage, die von Hand gezeichnet, gemalt oder geschnitten wird. Auch wenn diese Vorlage mit einem fotografischen Verfahren weiter bearbeitet wird, nennt man sie autografisch.

»Fotografisch« bezeichnet in diesem Zusammenhang eine Kopiervorlage, die nur mit fotografischen Mitteln hergestellt wird. Für den Zweck dieses Buchs umfasst der Begriff auch alle mit dem Computer generierten oder gescannten Darstellungen.

Handgefertigte (autografische) Schablonen

Papier-Abdeckschablonen

Die einfachsten Schablonen werden aus Papier hergestellt, meist dann, wenn keine anderen Materialien zur Verfügung stehen oder nur Probedrucke mit einfachen Motiven gefertigt werden sollen. Papierschablonen werden ausgeschnitten und an der Siebunterseite angebracht. Man zeichnet das Motiv auf ein Blatt Papier und schneidet alle Teile, die gedruckt werden sollen, mit einem Skalpell aus (siehe Abb. Seite 22). Am besten eignet sich dafür wohl Butterbrotpapier. Es ist preiswert und hält rund zehn Druckvorgänge

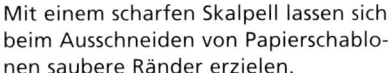

Mit einem scharfen Skalpell lassen sich beim Ausschneiden von Papierschablonen saubere Ränder erzielen.

Papierschablonen werden mit einigen Tupfern Druckfarbe auf dem Sieb angebracht.

aus. Weitere Papiersorten für den Rotationsdruck sowie Kopierpapier können auch verwendet werden, sind aber nur für wenige Druckdurchgänge gut.

Zunächst wird die Zeichnung auf die Druckunterlage gelegt, darauf kommt das Schablonenpapier, nachdem zuvor ein großzügiger Rand abgeklebt wurde, damit genug Platz für die Rakel bleibt (siehe Kapitel 3: Druckvorbereitung). Das Schablonenpapier muss so auf der Zeichnung liegen, dass alle Teile richtig platziert sind. Nun wird das Sieb auf das Papier abgesenkt und mit einigen Tupfern Druckfarbe oder Schichtträger festgeklebt.

Schneidefilme

Man verwendet diese Filme für einfache blockhafte Formen mit scharfen Rändern. Die herkömmlichen Schneidefilme, die direkt auf das Sieb geklebt werden, sind für die Arbeit mit wasserlöslichen Farben nicht geeignet. Es eignen sich nur rote Maskierfilme wie Amberlith und Rubylith. Sie blockieren den Lichteinfall bei den heutigen Direktemulsionen. Man verwendet sie, wenn die Schablonen saubere Ränder haben oder die Maske für eine Fotoschablone eine hohe Passergenauigkeit aufweisen soll. Maskierfilme bestehen aus roter oder orangefarbener Plastikfolie und transparenter Polyesterfolie. Die rote Schicht wird mit einem Skalpell ausgeschnitten, ohne dabei die Trägerfolie zu beschädigen. Dann werden die ausgeschnittenen Teile abgezogen, so dass nur das zu druckende Motiv als rote Stellen auf dem transparentem Trägermaterial stehen bleibt. Beim Belichten der Direktemulsion blockiert Rot das zum Härten verwendete UV-Licht besser als Orange.

Klebefilm

Transparenter Klebefilm (»Tesa-Film«) wird für provisorische diskrete Reparaturen von Papier verwendet, das anschließend fotokopiert werden kann. Da die Streifen beschriftbar sind, kann man sie auch zum Kennzeichnen verwenden. Man legt sie auf die Oberseite des trockenen Siebs und drückt

Bei Schneidefilmen darf die Trägerfolie beim Schneiden nicht beschädigt werden.

Klebefilm. Solche provisorischen Schablonen funktionieren nur, wenn sie fest auf das trockene Sieb gerieben werden.

sie mit dem Finger gut am Gewebe fest. Bei sorgfältigem Umgang eignet sich Klebefilm gut als provisorische Schablone oder zum Abdecken gerade unbenutzter Schablonenteile.

Schablonenfolie (Reprofolie)

Diese Filme werden für handgefertigte Strichzeichnungen, schlichte Formen und kraftvolle Motivteile verwendet. Immer häufiger werden sie von Folien wie True Grain und Mark Resist verdrängt. Die meisten Schablonenfolien weisen eine matte und eine glänzende Seite auf, und nur die matte wird zum Zeichnen genutzt. Gängige Marken sind Kodatrace oder Permatrace. »Single matt« bedeutet, dass sich nur eine Seite zum Zeichnen eignet, »double matt«, dass zwei matte Seiten zum Zeichnen vorhanden sind. Diese Folien können mit mehreren Materialien bearbeitet werden, darunter Rotring Folientusche, Fettkreide, Lithografenkreide und Abdeckrot. Wegen der glatten, matten Oberfläche muss darauf geachtet werden, dass nur gut haftende Materialien verwendet werden, die eine kräftige Strichführung erlauben.

Gekörnte Filme *(True Grain)*

Bei diesen Filmen handelt es sich um eine Weiterentwicklung der Reprofolien. Sie bestehen aus Polyester mit einer feinkörnigen Oberfläche, die Pigmentpartikel zurückhält und viel Spielraum für druckfähige Zeichnungen lässt. Diese Folien werden vor allem für druckempfindliche abwaschbare Tastaturen, beispielsweise für Kassen und Waagen in Metzgereien, hergestellt. Gängige Marken sind True Grain, Mark Resist oder Lexan. Angeboten werden verschieden strukturierte Oberflächen, generell sind die beiden erstgenannten Marken feiner gekörnt als Lexan. Das Praktische an diesen Folien ist, dass aufgrund der Körnung schon beim Zeichnen eine sehr feine zufällige Rasterstruktur entsteht. Das erlaubt eine schier unendliche Vielfalt grafischer Ausdrucksmöglichkeiten mit unterschiedlichen

Materialien. Die ästhetischen Effekte reichen dabei von feinsten Halbton-übergängen über zarte Bleistiftzeichnungen bis hin zu massiven schwarzen Flächen, die mit Acrylfarbe aufgetragen werden (siehe Illustrationen).

Alternative Fotoschablonen

Seiden- und Pauspapier können ebenfalls als Material für Fotoschablonen verwendet werden. Sie bilden eine preiswerte, für einfarbige Drucke gut ge-eignete Alternative. Für Mehrfarbendrucke sind sie dann vertretbar, wenn es nicht auf Passergenauigkeit ankommt. Sie eignen sich für weiche Blei-stifte, Fett- und Lithografenkreiden, während flüssige Druckfarben sie meist wellig werden lassen.

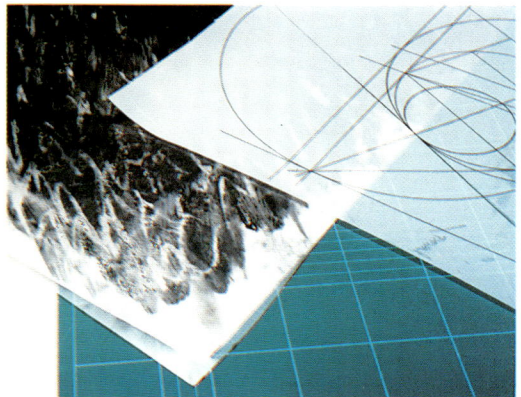 

Rechts ein Reprofilm, links eine gekörn-te True-Grain-Folie. Beide Varianten sind hier mit der Art Zeichnung abge-bildet, die ihnen am besten entspricht (siehe Tabelle S. 25).

Links Pauspapier, rechts Seidenpapier. Bei sorgfältiger Handhabung können Tuschefedern und weiche Bleistifte benutzt werden.

Probeblatt mit verschiedenen Strichführungen. Sehr attraktiv wirkt die Frottage eines Stücks Spitze in der linken unteren Ecke.

ENTWURF UND SCHABLONENHERSTELLUNG

Handgezeichnete Motive und ihre Druckwiedergabe

Oben: Originalmotiv auf gekörnter Schablonenfolie

Grafitstift

Tuschefüller
mit Staedtler-
Tusche

Tusche mit
Methylalkohol

Tusche mit
Sandpapier-
abrieb

Fettkreide

Fettkreide

Tempera mit
Messerkratzern

Tusche
mit Vaseline-
Reservierungen

Oben: Das gedruckte Bild

Zeichenmaterialien

Das Zeichnen auf Trägerfolien wie True Grain oder Schablonenfolien statt
direkt auf das Sieb hat mehrere Vorteile, darunter vor allem die Vielfalt ver-
wendbarer Materialien. Ein weiterer Vorteil ist die Möglichkeit, die gleiche
Schablone erneut herzustellen, wenn das Sieb einmal verloren geht oder
unbrauchbar wird. Günstig ist auch die Möglichkeit, das Papier beim Drucken mit Hilfe der Zeichnung zu justieren (siehe Kapitel 6).

Fett- und Lithografenkreide
Diese Kreiden lassen sich auf Reprofilmen, gekörnten Folien und Pauspapier einsetzen. Sie sind vor allem dort geeignet, wo ein massiver, sehr breiter Strich wie mit Pastellkreide erzielt werden soll. Bei der Arbeit sollte man stets ein scharfes Messer benutzen, da die weichen Lithografenkreiden häufig angespitzt werden müssen. Für kräftige schwarze Striche sind diese Malmittel bestens geeignet. Sobald man den Umgang mit Fettkreiden beherrscht, bieten sie vielfältige grafische Ausdrucksmöglichkeiten, auch für recht subtile Effekte, vor allem, wenn man mit einem Skalpell nachträglich Kratzmuster erzeugt.

Bleistifte
Sehr weiche Bleistifte eignen sich für Reprofilme, gekörnte Folien und Pauspapier. Je härter der Stift, desto schlechter wird das Ergebnis. Lediglich gekörnte Filme können auch feinste Strichmuster wiedergeben.

Acrylfarbe
Sie eignet sich gut als Abdeckmittel für Reprofilme und gekörnte Folien. Mit Wasser verdünnt, lassen sich mit ihr Aquarelleffekte erzielen.

Lithografentusche
Diese pigment- und fetthaltige Tusche wird vor allem für Lithografien verwendet. Die Stifte werden in Wasser gelöst und ergeben dann eine malfähige Paste. Alternativ kann man auch bereits mit Wasser verdünnte Künstlertusche benutzen, beispielsweise von Faber Castell und Rotring, die jeweils unterschiedliche Wirkungen ergeben.
   Diese Technik eignet sich im Grunde nur für gekörnte Folien wie True Grain und Mark Resist. Die Schablonen dürfen nicht zu dünn aufgetragen werden. Bei einer sehr blassen Kopiervorlage muss die Belichtungszeit entsprechend drastisch angepasst werden, doch kann eine Unterbelichtung zur Folge haben, dass die Schablone allzu rasch zerfällt.

Kugelschreiber, Fineliner und Filzstifte
Keiner dieser Stifte eignet sich besonders gut. Gelegentlich findet man eine Sorte, die funktioniert, doch meist lohnt nicht einmal der Versuch, weil die damit erzielbaren Striche nicht kräftig genug sind.

Methylalkohol (und Vaseline)
Damit lassen sich in Verbindung mit Lithotusche auf gekörnten Folien schöne Lavierungseffekte erzielen (siehe Beispiele der vorhergehenden Seiten).

Kopiertoner
Ich führe diese Toner an, weil sie sich ausgezeichnet für Lavierungseffekte eignen. Es handelt sich um feine thermoplastische Pulver für Fotokopierer.

Aber Vorsicht: Toner sind krebserregend und nicht für eine alltägliche Verwendung zu empfehlen. Achten Sie darauf, dass entsprechende Gesundheits- und Umweltschutzmaßnahmen eingehalten werden. In Verbindung mit Methylalkohol lassen sich mit Kopiertoner auf gekörnten Folien sehr zarte Lavierungseffekte erzielen. Sie sind jedoch instabil, so dass Folie und Toner sehr vorsichtig behandelt werden müssen.

Die nachfolgende Tabelle gibt einen Überblick über diese Materialien und die Flächen, auf denen sie verwendet werden können.

	Pauspapier	Schablonenfolie	Gekörnte Folie
Bleistift	✓	✓	✓
Fettkreide	✓	✓	✓
Lithografenkreide	✓	✓	✓
Lithografentusche	✗	✗	✓
Acrylfarbe	✗	✗	✓
Rotring-Tusche	✗	✓	✓
Künstlertusche	✗	✗	✓
Faber-Castell-Tusche	✗	✓	✓
Kugelschreiber	✗	✗	✗
Methylalkohol	✗	✗	✓
Kopiertoner	✗	✓	✓
Lippenpflegestift	✗	✗	✓

Mehrfarbendrucke

Bei Mehrfarbendrucken muss für jede Farbe separat eine schwarze Schablone gezeichnet bzw. gemalt werden.

Die einfachste Einrichtungsmethode für mehrere Schablonen besteht darin, eine Konturenzeichnung des Entwurfs anzufertigen und in den vier Ecken je ein Kreuz einzuzeichnen. Die einzelnen Schablonen werden eine nach der anderen passergenau aufeinander gelegt und dabei die Ecken wiederum mit Passkreuzen versehen, so dass jedes Blatt exakt in der gleichen Position wieder angelegt werden kann und passergenau mit den übrigen Schablonen übereinstimmt.

Beim Entwurf von Schablonen muss eine gewisse Überlappung von vornherein einkalkuliert werden. Angesichts der unterschiedlichen Nachgiebigkeit von Sieb und Papier kann man eine perfekte Passergenauigkeit beim Drucken niemals garantieren, so dass ein geringes Maß an Über- und Unterschneidung bei jeder Schablone vorgesehen werden sollte.

Alternativ kann man aber auch ein Registersystem mit Registerleiste einsetzen, wie es in der Industrie üblich ist. Damit können die Schablonen äußerst präzise eingerichtet werden; zugleich lässt die Methode bei komplizierten Schablonen Mehrfachbelichtungen zu. Jede Schablone wird mit

Stanzlöchern versehen (siehe unten). Dann befstigt man einen Register-streifen an der Konturenzeichnung; die einzelnen Schablonen werden an-schließend nacheinander daran ausgerichtet.

Dieses System ermöglicht unter anderem Mehrfachbelichtungen, etwa wenn ein texturiertes Feld in einem exakten Kreis erscheinen soll. Zunächst wird die Schablone mit der Textur mit normaler Belichtungszeit belichtet.

1. Mehrfachbelichtung mit Register-leiste. Mit dem Stanzgerät werden exakte Registerlöcher gestanzt und die beiden Schablonen an den Stiften der Leiste passergenau angelegt.

2. Die erste Schablone wird mit der Registerleiste zusammen passergenau auf dem Sieb fixiert.

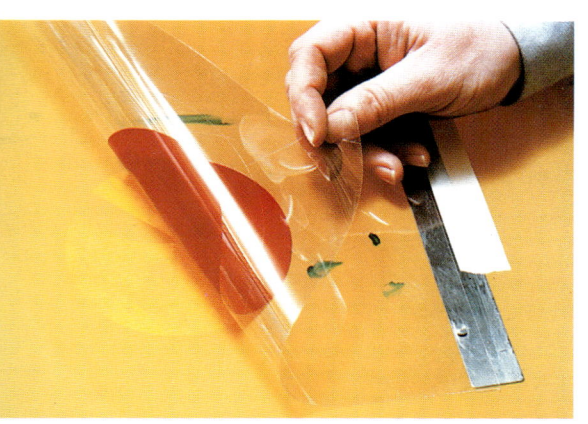

3. Die zweite Schablone wird mit der Registerleiste zusammen passergenau auf dem Sieb fixiert.

4. Die beiden Schablonen, die Register-leiste und der fertige Druck.

Edo Kite II von Steve Hoskins, GB. Siebdruck auf Japanpapier mit Glasfaserstäben, 112 x 145 cm. Der fertige Druck aus der gezeigten Einrichtung, 1999.

Danach wird die erste Schablone durch eine Schablone mit einem Kreis aus UV-blockierendem Material ersetzt und ebenfalls mit normaler Zeitvorgabe belichtet. Beim Auswaschen des Siebs erscheint das Bild als scharfrandiger exakter Kreis mit einer Textur, die genau bis zu seinem Innenrand reicht, aber nicht darüber hinausgeht.

Fotoschablonen

Traditionelle Lithofilme

Früher stellte man Siebdruck-Fotoschablonen aus Lithofilmen her, z.B. der Marke Litex. Diese Filme wurden speziell für die reprografische Industrie produziert. Mit Vergrößerungsgeräten fertigte man aus diesen Filmen großformatige Fotodiapositive und Negative an, die anschließend auf eine lichtempfindliche lithografische Druckplatte oder ein sensibilisiertes Sieb übertragen werden konnten. Seit mehreren Jahren werden diese Fotofilme in der Regel mit Computern erstellt. Für diese Filme verwendet man Zweikomponentenentwickler, sie werden wie Schwarzweißfotos entwickelt und fixiert. Ein mindestens 35 mm großes Negativ wird in die Negativbühne des Vergrößerungsgerätes eingelegt und auf ein auf der Grundplatte angebrachtes Stück Folie projiziert. Nach dem Entwickeln wird ein Positiv hergestellt. Um Probleme bei Halbtonübergängen im Positiv zu lösen, nutzt man die Körnung des 35mm-Negativs. Wird ein hochempfindlicher Schwarzweißfilm wie Kodak Recording Film oder HP5 (800 oder 1200 ASA) verwendet und mit einem Entwickler wie HC110 entwickelt, lässt sich ein schärferes Körnungsprofil erzielen, so dass kein Lochraster mehr erforderlich ist.

Mit dieser Technik können von einem Negativ mehrere Positive unterschiedlicher Dichte hergestellt werden (eines unterbelichtet, eines mit normaler Dichte, eines überbelichtet), ohne dass ein Störbild entsteht. Die fertigen Drucke wirken dann kräftiger. Die Technik wird als Stufendruck bezeichnet (siehe Tim Mara, *Screenprinting*). Lithofilme mit Trockenentwicklung wie CPN und CPF können in gleicher Weise verwendet werden.

Da die Repro-Industrie sich mittlerweile auf die computergesteuerte Bilderzeugung und digitale Filmentwicklung verlegt hat, sind Lithofilme und die dazu gehörige Technologie immer schwerer erhältlich. Für Künstler jedoch bieten sie in Verbindung mit einem Vergrößerungsgerät oder einer Reprokamera noch immer einen einmaligen technischen Spielraum. Schon jetzt bezieht man diese Folien am ehesten bei Spezialgeschäften für Fotomaterialien.

Computergesteuerte Bildbearbeitung

Mittlerweile werden Fotoschablonen für den Siebdruck meist am PC erzeugt. Auf der einfachsten Stufe benötigt man dazu einen Scanner, einen PC oder Mac, einen Laserdrucker sowie eine Software wie z.B. Adobe Photoshop.

Scannen

Das Scannen eignet sich nicht nur zum Einlesen von Fotos und Zeichnungen, die anschließend mit Rasterstruktur auf einen Film übertragen werden, sondern auch für Gegenstände. Mit den meisten Scannern lassen sich selbst kleinere dreidimensionale Objekte erfassen.

Ein Bild einzuscannen ist fast so einfach wie fotokopieren. Mit der installierten Scanner-Software und dem Bildbearbeitungsprogramm Photoshop wird das Programm geöffnet und der Scan gestartet. Der Gegenstand oder die Abbildung wird mit der zu erfassenden Seite nach unten auf den Vorlagenhalter gelegt und der Deckel geschlossen. Dreidimensionale Gegenstände werden beim Einscannen mit einem weißen Tuch abgedeckt, damit kein Licht einfällt. Nun werden die Scanvorgaben in der Software festgelegt. Handelt es sich um einen farbigen Scan? In diesem Fall wählt man RGB-Farbbild. Als nächstes folgt die Auflösung: 150 dpi (Erklärung folgt), Größe der Scanausgabe (100 Prozent ist geeignet, da das Bild später vergrößert und verkleinert werden kann; wählt man jetzt eine Vergrößerung, erfolgt der Scanvorgang im Schneckentempo!). Sind alle Parameter festgelegt, kann der Scanvorgang beginnen. Zunächst wird eine Vorschau am Bildschirm erstellt, um sicher zu gehen, dass die Vorlage richtig auf dem Vorlagenhalter platziert ist. Durch Aktivieren der Scanfeldumrandung spart man Speicherplatz auf dem Rechner ein. Schließlich startet man den Scanvorgang und speichert das Digitalbild in einem Dateiordner ab.

Adobe Photoshop™

Diese Software wird von den meisten großen Verlagen, Zeitungs-- und Zeitschriftenredaktionen zur digitalen Bilderzeugung und -bearbeitung genutzt. Man startet Photoshop durch Doppelklick auf das Icon und öffnet anschließend das gewünschte Bild, indem man »Datei öffnen« und dann den Namen der gewünschten Bilddatei anklickt. Am Bildschirm kann das Bild nach kreativem Gutdünken manipuliert werden. Man kann die Farben bearbeiten, muss dabei jedoch bedenken, dass das Bild auf dem Monitor in Helligkeit, Farbton und Sättigung anders erscheint als im Original und später im Ausdruck. Das sichtbare Bild wird hier durch drei Elektronenemissoren hinten in der Kathodenröhre des Monitors erzeugt, nicht durch Lichteinfall auf ein Blatt Papier. Generell sollte man sich deshalb an das Original halten, nicht an das Monitorbild, denn jeder Bildschirm stellt Farben anders dar; dazu braucht man nur mehrere Fernseher zu vergleichen. Photoshop bietet einen schier unendlichen Spielraum und ist viel zu komplex, als dass man hier alle Möglichkeiten erläutern könnte.

So funktioniert die Farbtrennung

Sobald Sie das Bild nach Ihren eigenen Vorstellungen verändert haben, müssen Sie sich entscheiden, wie das Druckbild aussehen soll. Computerfachleute verwenden für die Auflösung ihrer Ausdrucke die Abkürzungen

»dpi« und »lpi«. Rechner bauen Bilder aus Pixeln auf, und dpi bedeutet »dots per inch« (Punkte pro Zoll). Je größer die Anzahl Pixel, desto feiner ist die Auflösung. Der Preis dafür ist allerdings, dass für viele Pixel enorm viel Speicherplatz auf der Festplatte benötigt wird, außerdem muss man sich vor Festlegung der Auflösung überlegen, mit welchen Vorgaben der Drucker arbeitet. Nehmen wir an, Sie benutzen einen 600 dpi-Laserdrucker. Es leuchtet ein, dass es Ihnen nichts einbringt, wenn Sie eine höhere Auflösung einstellen, als Ihr Drucker hergibt. Machbar ist in der Regel eine Auflösung, die halb so groß ist wie die konkrete Druckerleistung, oft kommt man sogar mit weniger aus. Eine Auflösung von 150 dpi ist für Siebdruck angemessen, solange das Format beim fertigen Bild mit dem Scanbild identisch ist.

Der Grund dafür liegt in dem, was mit der zweiten Abkürzung gemeint ist: »lpi« steht für »lines per inch« (Linien pro Zoll). Kehren wir für die Erklärung noch einmal zum Schwarzweißdruck zurück. Wenn Sie auf einer Seite mit schwarzem Text ein Foto sehen, das aus Graustufen aufgebaut ist, befindet sich auf dieser Seite ausschließlich schwarze Druckerfarbe. Trotzdem scheint das Foto die ganze Skala von Schwarz über Grau bis Weiß zu enthalten. Das beruht darauf, dass das Bild aus Linien mit Punkten unter-

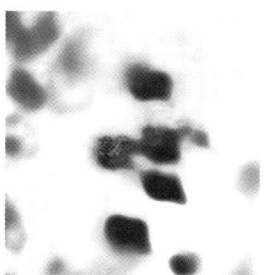

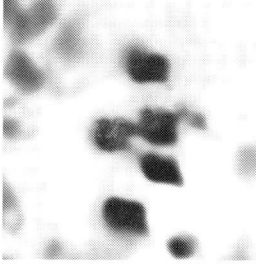

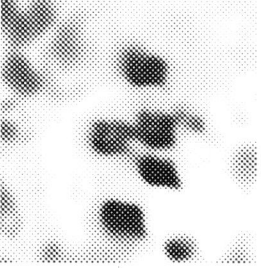

Nicht konvertiertes Scanbild, als »dots per inch« abgebildet.

100 lpi. Derselbe Scan in Rasterlinien pro Zoll umgewandelt.

50 lpi. Diese Punktgröße eignet sich gut für den Siebdruck.

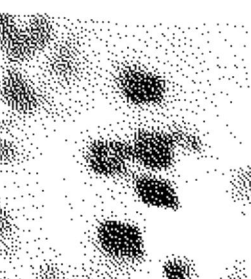

25 lpi. Bei dieser Vergrößerung erkennt man die unterschiedliche Punktgröße.

100 dpi bitmap. Hier sieht man, dass alle Punkte dieselbe Größe haben.

schiedlicher Größe aufgebaut ist. Die Druckerschwärze geht eine Wechselwirkung mit dem weißen Papier ein, so dass die optische Illusion von Grau entsteht. Je größer und deshalb enger zusammenstehend die schwarzen Punkte sind, desto dunkler wirkt das Gesamtbild aus einer bestimmten Entfernung. Entsprechend gilt, je kleiner und weiter voneinander entfernt die Punkte sind, desto heller grau wirkt die Fläche. Führt man diesen Gedanken weiter und stellt sich anstelle von Schwarz Linien aus Halbtonpunkten in Cyan, Magenta, Gelb und Schwarz vor, die in unterschiedlichen Winkeln übereinander liegen, entsteht aus diesen vier Farben eine optische Illusion, die das komplette Farbspektrum abdeckt.

Das fertige Bild wird in Photoshop als CMYK-Bild gespeichert, das heißt, das Bild wird nach dem subtraktiven Farbmodell in vier Farbtöne zerlegt. CMYK steht für Cyan, Magenta, Yellow und Keyline (Blau – eigentlich Türkis, Rot – eigentlich Pink, Gelb und Schwarz). Diese vier sind die primären Elemente des Vierfarbdrucks. Theoretisch ergeben die reinen Farben Cyan, Magenta und Gelb nach dem subtraktiven Farbmodell Schwarz, doch in der Praxis trifft das nicht zu, so dass für dunkle Töne Schwarz hinzugefügt werden muss. Jede der Grundfarben wird nun in Punktlinien (lpi) zerlegt, das so genannte Raster, und jede Farbe getrennt verwendet. Enthält also ein Bild beispielsweise viel Gelb, weist das Gelbraster große Punkte auf. Die Violett-Töne in einem Bild entstehen durch übereinander druckende Punkte in Cyan und Magenta, da Cyan und Magenta Violett ergeben.

Rastersiebdruck

An dieser Stelle sollte etwas über die Verwendung von Rastern beim Siebdruck gesagt werden. Fassen wir noch einmal zusammen: Beim Drucken

Red Andalucia von Kristian Krokfors, Finnland. 55 x 92,4 cm, Auflage 55 Stück, gedruckt durch Pratt Contemporary Art, 1999.
Mit freundlicher Genehmigung von Pratt Contemporary Art, Kent, England.

dienen Raster dazu, Abstufungen zwischen Hell und Dunkel darzustellen. Kontinuierliche Übergänge kann man in der Fotografie dadurch abbilden, dass man die Struktur in Punkte zerlegt. Ein mittleres Grau besteht zu 50 Prozent aus weißen und zu 50 Prozent aus schwarzen Punkten; eine schwarze Fläche erzielt man mit Punkten, die so groß sind, dass sie ineinander verschmelzen. Beim Siebdruck ist das in der Praxis nicht möglich, so dass als Norm 10 Prozent Punkte in weißen und 85 Prozent Punkte in schwarzen Flächen akzeptiert werden (siehe Tabelle unten).

Das hängt mit der Beziehung zwischen dem Rasterpunkt und der Gewebestruktur des Siebs zusammen. Um fest mit der Gaze verbunden zu werden, muss der kleinste Punkt (also ein Punkt aus dem »schwärzesten« Bereich) an mindestens drei Gewebefäden anhaften. Um druckbar zu sein, darf umgekehrt das kleinste Loch keinen Gewebefaden überschneiden. Punkte mit weniger als 50 Prozent (die Highlights oder hellsten Stellen) machen den kleineren und alle Punkte mit mehr als 50 Prozent (die Shadows oder dunkelsten Stellen) den größeren Anteil der durchlässigen Bereiche auf der Schablone aus. Genauere Angaben dazu, welche Halbtonbereiche für die jeweilige Fadenzahl geeignet sind, und den entsprechenden druckbaren Prozentsatz des Dichteumfangs entnehmen Sie bitte folgender Tabelle.

Raster (cm/Zoll)	Fadenzahl/ Fadendurchmesser GB	USA	Highlight in %	Shadow in %
24 (60)	20.34	305	10	90
	120.40	305	12	88
34 (86)	140.31	355	12	88
	140.34	355	14	85
	150.31	380	14	85
	150.34	380	14	85
40 (100)	150.31	380	12	80
	150.34	380	12	80
	165.31	420	12	80
	165.34	420	12	80

Moiré-Effekte

Aufgrund der zunehmenden Verwendung direkter Schablonen sind Richtungs- oder Moiré-Effekte für viele Künstler zu einem wichtigen Thema geworden. Legt man zwei Gitternetze übereinander, kann es zu unerwünschten Störmustern kommen, ähnlich wie im Textilbereich beim Seidenmoiré, von dem sich der Begriff ableitet.

Man kann diesen Effekt mit verschiedenen Mitteln auf ein Minimum reduzieren. Man benutzt z.B. ein feineres Gewebe, das nicht in einem

CMYK. Industrienorm für die Farbtrennung.

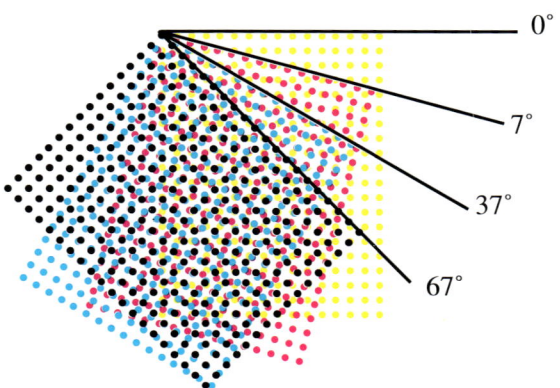

Siebwinkel zur Vermeidung von Störbildern (Moiré).

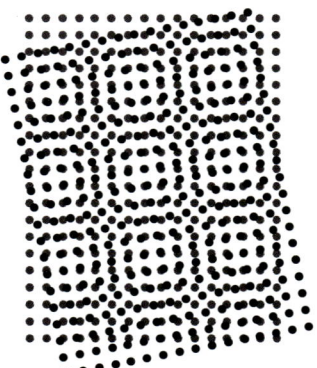

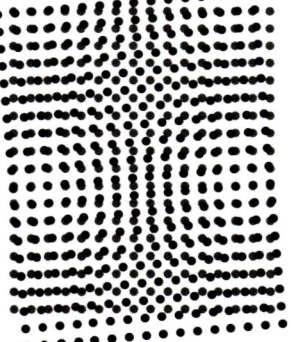

Beispiele für Moiré-Effekte.

exakten mathematischen Verhältnis zu den Halbtonvorgaben steht, beispielsweise für 100 lpi kein Sieb mit 150, sondern mit 145 Fäden/cm oder umgekehrt ein Sieb mit 150 Fäden/cm für 93 bzw. 97 lpi.

Falls möglich, sollte man Direkt/Indirekt-Schablonen verwenden. Dabei handelt es sich um eine Trägerfolie mit einer lichtempfindlichen Emulsion (gängige Marke z.B. Cappilex). Die Folie wird vor dem Belichten auf das Sieb geklebt und getrocknet. Das Profil der Schablone wird nicht so stark vom Gewebe beeinflusst und bietet eine gute Maschenüberbrückung. Eine Einzelschicht Direktemulsion dagegen erhöht das Risiko von Richtungseffekten, weil das Profil sich der Gewebestruktur anpasst und daher anfälliger ist.

ENTWURF UND SCHABLONENHERSTELLUNG

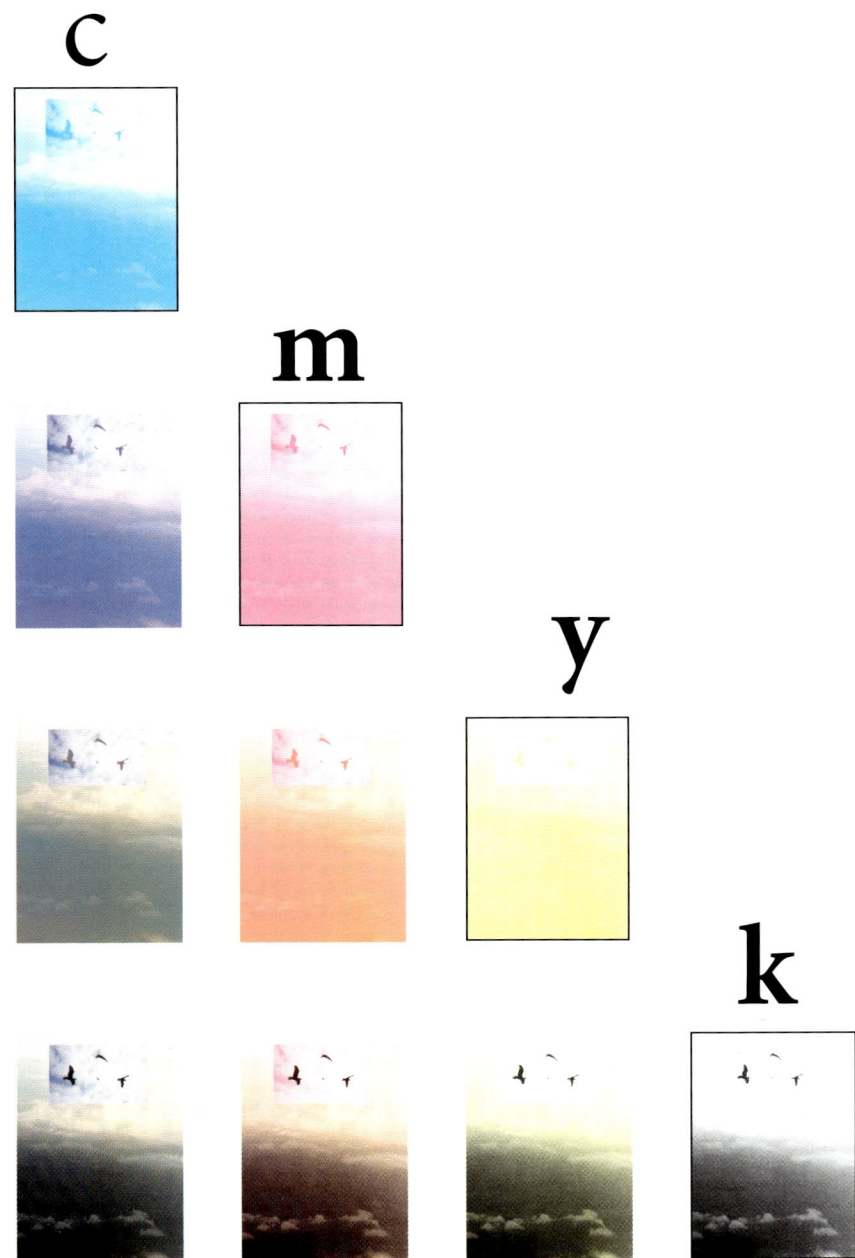

Komplette Reihe aufeinanderfolgender Drucke. Ganz links sieht man die Druckschritte mit der gesamten CMYK-Farbpalette.

Schablonen müssen stets sorgfältig im richtigen Winkel auf das Sieb aufgebracht werden. Geht man davon aus, dass das Siebgewebe Winkel von 0° und 90° aufweist, muss die Kopiervorlage mit solchen Rasterständen erstellt werden, dass sie beim Anhaften nicht mit diesen beiden Winkeln kollidieren. Sinnvoll ist es deshalb, keine Filme mit 0°- und 90°-Winkeln zu erstellen, da dann die Punktlinien parallel zum Fadenverlauf lägen. Auch ein 45°-Winkel eignet sich nicht, da die elliptische Punktform den Gewebeöffnungen ähnelt und feine Details verloren gehen können. Für Mehrfarbendrucke ist es generell sinnvoller, einen Winkel von jeweils 30° zwischen den einzelnen Farben einzuhalten, um so im Druck ein optimales Punktmuster zu gewährleisten. Die hellsten Farben, bei denen Störbilder am wenigsten ins Auge fallen, können in Winkeln gedruckt werden, die der Gewebestruktur am nächsten kommen. Beim Vierfarbdruck sind das Gelb und Keyline (Schwarz). Die für möglichst geringe Interferenzen empfohlenen Rasterstände sind:

Schwarz 7°   Magenta 37°   Cyan 67°   Gelb 97°

Das Sieb kann mit Bleistift markiert werden, indem man zunächst die rechten Winkel des Gewebes nachzieht. Dies geschieht nach dem Säubern, Entfetten und Trocknen, jedoch vor dem Beschichten des Siebs. Die Bleistiftstriche sind in der Regel nach dem Beschichten noch sichtbar. Erscheint die Struktur schief, so ist das Sieb unsachgemäß gespannt, was sich von vornherein durch die Verwendung fachmännisch gespannter Siebe vermeiden lässt. Hat der Rechner die richtigen Winkel erzeugt und werden Rasterstände verwendet, die nicht mit der Fadenzahl kollidieren, müsste es ein Leichtes sein, die Schablonen anhand der horizontalen Linien auf dem Sieb auszurichten und nach dem Beschichten und Trocknen mit Klebestreifen zu fixieren. Werden diese Grundregeln eingehalten, dürften eigentlich kaum noch Moiré-Effekte auftreten. Jedes Sieb vor jedem Beschichten und Belichten zu markieren ist unpraktisch. Die übliche Vorgehensweise besteht darin, den Film fest an das Gewebe zu pressen, beides gegen das Licht zu halten und den Film so lange zu drehen, bis möglichst wenig Richtungseffekte zu sehen sind. Anschließend wird das Sieb mit dünnen Bleistiftstrichen markiert, so dass die Filmkanten vor dem Belichten ausgerichtet und mit Klebestreifen befestigt werden können. Erfolgt dies mit einem frisch beschichteten, sensibilisierten Sieb bei Tageslicht, ist größte Eile geboten.

Mit Photoshop gerasterte Farbauszüge ausdrucken
Ist die Vorlage eingescannt und in CMYK-Modus konvertiert, geht man beim Ausdrucken der gerasterten Farbauszüge wie folgt vor:
Im Menü »Ablage« den Befehl »Papierformat« wählen
In der »Papierformat«-Leiste »Photoshop«, dann »Rasterung« wählen
»Rastereinstellung des Druckers verwenden« deaktivieren (dadurch öffnet sich automatisch ein Menü für die Rasterungsattribute für Cyan)

Unter »Rasterweite«	Druckausgabe in lpi eingeben, dies entspricht der Rasterauflösung für das Sieb (für ein Sieb mit 120 F/cm etwa 47 lpi)
Unter »Rasterwinkel«	für Cyan 67° eingeben
Unter »Rasterform«	»Ellipse« auswählen

Magenta auswählen

Unter »Rasterweite«	für die Druckausgabe 47 lpi eingeben
Unter »Rasterwinkel«	für Magenta 37° eingeben
Unter »Rasterform«	prüfen, ob »Ellipse« angewählt ist

Gelb auswählen

Unter »Rasterweite«	für die Druckausgabe 47 lpi eingeben
Unter »Rasterwinkel«	für Gelb 97° eingeben
Unter »Rasterform«	prüfen, ob »Ellipse« angewählt ist

Schwarz auswählen

Unter »Rasterweite«	für die Druckausgabe 47 lpi eingeben
Unter »Rasterwinkel«	für Schwarz 7° eingeben
Unter »Rasterform«	prüfen, ob »Ellipse« angewählt ist

»OK« anklicken
Wählen Sie nun im Photoshop-Fenster Passermarken, Druckkennlinien (falls vorhanden) und Auszugsbeschriftungen aus. Diese Funktion ist wichtig, da man sonst die Auszüge nicht auseinander halten kann. Die Beschriftung kennzeichnet jeweils die Filme in Cyan, Magenta, Gelb und Schwarz. Details zur Einrichtung finden Sie in Kapitel 6, Druckvorgang (Seite 78).

Laserdruckfolien
Diese Folien werden von verschiedenen Herstellern unter Markennamen wie Folex usw. angeboten. Es sind stabile Polyesterfolien, die der Wärmeentwicklung beim Laserdrucken oder Fotokopieren ohne Verformung standhalten. Die gängigen Formate sind DIN A4 und A3. Für Textausdrucke oder einfache Halbtonbilder sind diese Folien die preiswerteste Lösung bei der Schablonenherstellung. Man kann damit durchaus auch Farbtrennungen erzeugen, die sich passergenau drucken lassen. Manchmal ist es schwer, die korrekten Rasterstände auf dem Sieb zu ermitteln, um Moiré-Effekte zu vermeiden, da die Folien eher durchscheinend als richtig durchsichtig sind und man die Interferenzen nicht sieht, wenn man Sieb und Schablone gemeinsam betrachtet.

Gewerbliche Reproduktionsbetriebe
Soll die Druckausgabe besonders hochwertig sein, lohnen sich die Kosten für die Beauftragung eines Fachbetriebs. Man findet sie in den Gelben Seiten unter »Setzereien« oder »Reproduktionsbetrieben«. Erklären Sie genau, wie

das Ergebnis aussehen soll, und denken Sie daran, dass die meisten Repro-betriebe seiten*verkehrte* Positive für Lithografien herstellen, während wir für den Siebdruck seiten*richtige* Positive benötigen. Konkret heißt das, man bestellt »seitenrichtige Filmpositive mit oben liegender Schicht«. In nor-maler Ansicht kann man also einen Text seitenrichtig lesen, die Emulsions-schicht bildet die oberste Lage. Stellen Sie sicher, dass der Betrieb die gleiche Art Disketten/ CDs und Software-Versionen verwendet wie Sie und Sie die Original-Scans (TIFF oder EPS) und alle Schriften beigelegt haben. Es ist aber auch möglich, so genannte Postscript-Dateien Ihrer Layouts zu liefern, die alle Bilder und Schriften in sich einschließen, aber nicht mehr korri-giert werden können. In diesem Fall brauchen Sie nicht alle Bestandteile, also Schriften und Bilder, separat zu liefern.

Die Auflösung eines Imagesetters, wie er bei den meisten Reprobetrie-ben im Einsatz ist, liegt im Bereich von 3.600 dpi, so dass sich diese Versionen nur bei Strichvorlagen für höchste Ansprüche wirklich lohnen.

Black von Libby Lloyd, GB. 51 x 51 cm, 1998. Kunstdruck auf Basis eines vergrö-ßerten Farbtrennungsrasters. Mit freundlicher Genehmigung der Künstlerin.

3. SIEBE UND SCHABLONEN

Im Folgenden geht es um die verschiedenen Rahmen, Gewebe und Schablonen sowie um die Vorbereitung des Siebes – vom Beschichten und Entwickeln bis zum Entschichten und Entfetten des Siebes nach dem Druck.

■ Siebe

In seiner einfachsten Form besteht ein Sieb aus einem Rahmen und dem darüber gespannten Gewebe, auf dem die Schablone angebracht wird. Die Druckfarbe wird mit der Rakel durch die feinen Maschen der Gaze gedrückt.

Rahmen

Spannrahmen können aus Holz, Stahl oder Aluminium bestehen. Holz quillt je nach Luftfeuchtigkeit auf und verzieht sich; es saugt Wasser auf und benötigt deshalb eine längere Trockenzeit als Metall. Stahlrahmen sind sehr haltbar, jedoch inzwischen wenig gebräuchlich, weil sie schwer sind und leicht rosten. Für die meisten Vorhaben empfehle ich deshalb die ebenso leichten wie praktischen Aluminiumrahmen. Besonders kostengünstig sind Rahmen aus einheimischen Nadelhölzern, die sich jedoch relativ rasch verziehen können. Harthölzer wie Buche eignen sich besser. Die Ecken sollten eine stabile Zapfen- oder Schwalbenschwanzverbindung aufweisen, da sich der Rahmen sonst bald verzieht. Die Ecken und Außenkanten des Rahmens müssen abgerundet sein, damit das Gewebe beim Spannen nicht durch Holzsplitter oder raue Stellen beschädigt wird. Vor dem Bespannen muss der Rahmen mit einem Firnis wasserdicht gemacht werden.

Alurahmen werden wegen ihres geringen Gewichts gern verwendet und verziehen sich zudem nicht so leicht wie Holzrahmen. Aufgrund ihrer steigenden Beliebtheit sind sie in den letzten Jahren erschwinglicher geworden und werden zunehmend auch von Künstlern eingesetzt, zumal man heute generell meist fertig vorgespannte Siebe verwendet. Bei Alurahmen ist stets

Gegenüber: *Palace of everyones prosperity*, von Alexander Brodsky, Russland. Siebdruck auf Somerset-Papier, 102 x 74 cm, 1998. Gedruckt durch Dennis O Neil bei Hand Print Workshop International, Alexandria, Virginia, USA. Mit freundlicher Genehmigung von Hand Print Workshop.

SIEBE UND SCHABLONEN

darauf zu achten, ob sie scharfe Kanten oder fehlerhafte Lötstellen aufweisen, an denen Wasser in den Rahmen dringen könnte.

Bei der Wahl der Siebgröße ist zu beachten, dass zwischen dem beabsichtigten Motiv und den Innenkanten des Rahmens mindestens 13 cm frei bleiben müssen, damit genug Platz für die Arbeit mit Druckfarbe und Rakel bleibt. Nur so ist gewährleistet, dass der Druck der Rakel über die ganze Fläche gleichmäßig bleibt. Reicht die Schablone allzu dicht an den Rahmen heran, ist manchmal kein ausreichender Druck mit der Rakel möglich, so dass die Außenränder des Motivs nicht richtig gedruckt werden.

Am Siebrand sollte ein ausreichender Zwischenraum zwischen Rahmen und Außenrand der Schablone bestehen.

Gaze

Werden wasserlösliche Farben verwendet, spielt das Siebgewebe eine besondere Rolle. Da das in der Druckfarbe enthaltene Wasser das Papier aufquellen lassen kann, muss der Farbauftrag äußerst dünn sein. Aber da die meisten dieser Farben in Wasser suspendierte Pigmente enthalten, sollten sie in einer dicken Schicht aufgebracht werden, um eine möglichst große Farbintensität zu erzielen. Die Fadendichte des Gewebes muss deshalb stets auf die verwendete Farbmarke abgestimmt sein, und meines Wissens gibt es derzeit mindestens 28 verschiedene Farbsorten. Bei einigen der preiswerteren Marken sind die Pigmente nicht so fein vermahlen wie bei einigen der teureren, so dass sie für feinste Gewebe nicht geeignet sind. Ansonsten gelten einige generelle Regeln.

Üblicherweise unterscheidet man bei der Gewebestärke T (Standard) und HD (*heavy duty* = stark), doch werden diese Bezeichnungen von jedem Hersteller anders ausgelegt. In jüngster Zeit verwendet man auch die Fadendicke in Mikrometern zur Unterscheidung, so dass ein Gewebe heute auf zweierlei Weise bezeichnet sein kann: a) mit einer Zahl (Anzahl Fäden pro Zentimeter) und einem Buchstaben (Fadendurchmesser) oder b) mit zwei Zahlen (Anzahl Fäden pro Zentimeter und Durchmesser in Mikrometern).

Die etablierte Norm für alle lösungsmittelhaltigen Siebdruckfarben war eine Gewebestärke von 90 T für allgemeine Druckarbeiten und 110 bis 120 T für feine Detaildrucke. Bei wasserlöslichen Farben verwendet man für die meisten Zwecke 120 T (120.34), für feine Halbtonarbeiten bis zu 150 T (150.34) und für kräftige Hintergründe, die eine hohe Farbsättigung erfordern, 90 T (90.40, bei einigen Herstellern 90.48). Allerdings muss bei solch grobmaschigeren Geweben damit gerechnet werden, dass das Papier sich wellt oder aufwirft; denn je gröber die Gaze, desto mehr Wasser wird auf das Papier aufgebracht und lässt es aufquellen. Bei der Arbeit mit direkten Fotoemulsionen dagegen kommt es vor allem auf eine gleichmäßig straffe Spannung des Siebgewebes an, bei einem 120 T-Sieb im Durchschnitt von 14 Newton (als SI-Einheit zur Spannungsmessung). Gewebespannungsmesser (Tensiometer) sind bei den großen kommerziellen Anbietern von Siebdruckzubehör erhältlich, werden jedoch nur dann benötigt, wenn ein Sieb für einen Druck mit hohen Anforderungen an die Passergenauigkeit vorbereitet werden soll oder wenn Sie eine größere Anzahl Rahmen selbst bespannen wollen. Für fast alle übrigen Zwecke ist eine manuelle Prüfung der Gewebespannung völlig ausreichend.

Für die meisten Anwendungen haben sich monofile Polyestergewebe gegen die übrigen Gazen durchgesetzt. Es gibt verschiedene Sorten. Gewebe mit Taftbindung sind universal zum Drucken geeignet. Die extrem stark gespannten (bis zu 40 N) »High-Modulus«-Siebe sind noch zu neu für den alltäglichen Einsatz, da die geringfügig höhere Präzision den erheblich

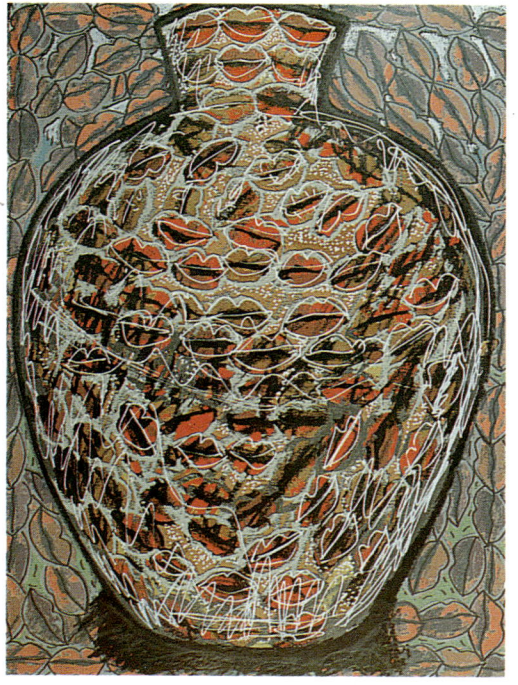

Lips and Jugs von Donna Moran, USA. Siebdruck mit wasserlöslichen Farben, 48 x 48 cm.

My New Portrait von Donna Moran, USA. Siebdruck mit wasserlöslichen Farben, 43 x 36 cm.

höheren Preis nicht rechtfertigt. Köperstoff und kalandrierte Gewebe sind für die meisten Druckzwecke eher ungeeignet, da sie trotz des hohen Preises keine zusätzlichen Vorteile bieten. Mit dem empfohlenen Gewebe, einem scharf geschliffenen Rakelblatt und der richtigen Absprunghöhe lässt sich die Oberflächenspannung auf ein Minimum reduzieren, so dass eine kontrollierte Menge Druckfarbe und damit auch Wasser auf das Papier gelangt. Bei der Arbeit mit direkten Fotoemulsionen ist es zudem viel preiswerter, einen Rahmen mit feinmaschigem Gewebe zu beschichten, da sich erheblich dünnere Schichten auftragen lassen. Orange eingefärbte Gewebe reduzieren die Lichtreflexion und -streuung bei der Verwendung von Direktemulsionen, was für feine Detail- und Halbtondrucke wichtig ist. Man bezeichnet dies als Anti-Lichthof-Effekt.

In der Regel ist es preiswerter, Rahmen vom Fachmann bespannen zu lassen, als dies selbst zu tun.

Schablonen

Es gibt mehrere Arten von Schablonen: Papierschablonen (Kapitel 2), Auswaschschablonen, bei denen ein Siebfüller von Hand direkt auf das Sieb aufgetragen wird, und Schneidefolien, bestehend aus einer Trägerschicht und einer wasserlöslichen Polymerschicht, die ausgeschnitten und mit einem feuchten Schwamm auf das Sieb geklebt wird. Im Gegensatz zu Papier sind die beiden letzteren Methoden für die Arbeit mit wasserlöslichen Siebdruckfarben nicht mehr geeignet.

Die Kategorie der Fotoschablonen umfasst alle lichtempfindlichen Polymerfolien. Von den so genannten direkten Fotoschablonen sind flüssige Emulsionen am gebräuchlichsten, die direkt auf das Sieb aufgetragen, getrocknet und mit UV-Licht gehärtet werden. Der Film mit dem Positivbild wird zwischen Sieb und UV-Lichtquelle platziert, so dass die Emulsion an den gewünschten Stellen lichtgeschützt ist. Nach dem Belichten werden die unbelichteten, nicht ausgehärteten Teile der Schablone mit Wasser ausgewaschen, so dass eine Negativschablone entsteht.

Direkt/Indirekte Schablonen bestehen aus einer lichtempfindlichen Emulsion auf einer Trägerfolie aus Kunststoff (Cappilex etwa ist eine gängige Marke). Sie wird vor dem Belichten mit dem Gewebe verbunden und getrocknet. Diese Schablonen eignen sich besonders für feine Detaildrucke und werden mit unterschiedlich dicken Beschichtungen angeboten. Aufgrund ihres stolzen Preises werden sie nicht oft für Kunstdrucke verwendet. Ihr Belichtungsspielraum ist geringer als bei den meisten Direktemulsionen, was bedeutet, dass sie bei allzu dunklen oder allzu blassen Schablonen, die normalerweise durch eine längere oder kürzere Belichtungszeit ausgeglichen werden könnten, wenig Bandbreite bieten. Von Natur aus scheinen künstlerische Darstellungen für die Anforderungen kommerzieller Reproduktionsverfahren fast immer zu blass oder zu dunkel zu sein.

Indirekte Schablonen bestehen aus einer Trägerfolie mit einer lichtempfindlichen Emulsionsschicht, die belichtet, ausgewaschen und dann erst auf das
Sieb aufgebracht wird. Diese Folien sind sehr teuer und deshalb kaum gebräuchlich, zudem eignen sie sich eher für lösungsmittelhaltige Druckfarben.

Seit der Etablierung wasserlöslicher Farben dürften sich die Schablonen
am stärksten weiterentwickelt haben. Die direkte Arbeit auf dem Sieb gehörte
zu den Vorzügen bei der Arbeit mit lösungsmittelhaltigen Farben. Einen
wasserlöslichen Siebfüller direkt auf das Gewebe aufzutragen und mit einer
Lösungsmittelfarbe zu drucken war ganz leicht. Das heutige Verfahren ist
umständlicher, denn man kann nicht mehr direkt auf das Sieb malen. Kunst-
druckateliers, die stets gezwungen waren, beschädigte Siebe durch ein neues
zu ersetzen, haben schon vor langer Zeit die direkte Erstellung von Schablonen auf dem Sieb zu Gunsten handgezeichneter Schablonenfilme aufgegeben.

Nach und nach gingen alle Siebdrucker zu Direktemulsionen über. Einige
Künstler und Institutionen wie das Royal College of Art verwenden diese
Produkte schon seit Jahren, doch die meisten von uns vollzogen den Wech-
sel von Indirektfilmen wie Five Star und Novastar nur langsam.

Angesichts der Notwendigkeit speziell geeigneter Vakuum-Kopierrahmen, lichtgeschützter Trockenschränke und einer Lichtquelle, möglichst
einer Halogenglühlampe, waren die Vorbehalte nicht überraschend. Lang-

Ten Burattinos von Igor Makarewitsch, Russland. Siebdruck auf Arches 88-Papier,
56 x 71 cm, Auflage 46 Stück, 1998.
Gedruckt durch Dennis O Neil bei Hand Print Workshop International, Alexandria,
Virginia, USA. Mit freundlicher Genehmigung von Hand Print Workshop.

fristig profitieren Kunstakademien und Ateliers von den geringeren Kosten dieser Produkte und den unbedenklicheren Chemikalien. Welche Kopierschicht verwendet wird, ist Geschmackssache, ich ziehe meist Folex Dc200 vor, jedoch nur, weil ich die Schablonen lange Zeit auf den Sieben belasse und diese Emulsion sich auch unter diesen Bedingungen noch gut wieder entschichten lässt. Emulsionen werden in drei Varianten angeboten:

Dichromate (z.B. Seriset)
Dies sind die ursprünglichen Direktemulsionen. Sie sind preiswert im Gebrauch, allerdings eindeutig gesundheits- und umweltschädlich. Das bei der Herstellung verwendete Dichromat ist nur begrenzt biologisch abbaubar, und man benötigt Bleiche oder andere konzentrierte Laugen zum Entschichten. Nach dem Anmischen sind Dichromate nicht lange haltbar. Weil sie preiswert sind, werden sie teilweise für den Textildruck weiterhin verwendet, doch machen die Kosten für ihre Entsorgung den geringen Anschaffungspreis wieder wett. Dichromate sind nicht besonders empfindlich und eignen sich nicht für Detaildarstellungen. Für eine generelle Verwendung im Atelier halte ich diese Emulsionen für ungeeignet.

Diazo-Kopierschicht (z.B. Folex Dc200, Kiwocol Poly plus W)
Diese Materialien umfassen zwei Komponenten, die Emulsion und den Sensibilisator. Der Belichtungsspielraum ist so groß, dass Über- und Unterbelichtungen ausgeglichen werden können, ohne dass die Schablone zerfällt oder verwischt. Deshalb eignen sich diese Mittel gut für minderwertige Vorlagen. Doppelhärtende Polymeremulsionen können sowohl für Lösungsmittel- als auch Wasserfarben verwendet werden. Das einzige Problem dabei ist ihre schlechte Haltbarkeit. Nach dem Anmischen hält sich die Masse im fest verschlossenen Behälter etwa sechs bis acht Wochen, im Kühlschrank drei bis vier Monate. Zum Entschichten dieser Emulsionen verwendet man Chemikalien, die einfacher zu gebrauchen sind und zudem nicht so schwerwiegende Gesundheits- und Umweltprobleme verursachen. Ich empfehle diese Produkte für den generellen Gebrauch.

»One-pot«-Emulsionen (SBQ; z.B. Folex Dc500)
Diese neueste Produktgeneration unterscheidet sich qualitativ kaum von den Diazo-Emulsionen, zeichnet sich jedoch durch eine bessere Haltbarkeit aus. Die Masse hält sich lange, ohne einzudicken. Zum Entschichten werden die gleichen Chemikalien wie für Diazo-Emulsionen verwendet. Der Nachteil der One-pot-Produkte ist jedoch, dass sie exakte Belichtungszeiten erfordern und die Schablone bei Über- und Unterbelichtung klebrig bleibt, so dass Zeitungspapier beim Abziehen daran haftet. Sie eignen sich gut für Künstler, die nur selten Emulsionen verwenden. Allen übrigen empfehle ich eher Diazo-Kopierschichten (doppelhärtende Fotopolymer-Kopierschichten, auch »Dual-Cure« genannt).

Die Beschichtungsrinne wird großzügig mit Emulsion gefüllt. Nach dem Beschichten wird der Überschuss wieder in den Behälter zurückgeschüttet.

Beschichtung des Siebs: Die Rinne wird mit einem gleichmäßigen Strich über das Sieb geführt. Die Rinne ist etwas kürzer als die Siebbreite. Die Emulsion darf keine Blasen werfen.

Beschichtungsrinnen

Direktemulsionen werden mit Hilfe einer Beschichtungsrinne auf das Sieb aufgebracht. Die flache U-förmige Rinne ist an beiden Enden geschlossen und so tief, dass die Kopierschicht zwei bis drei cm hoch eingefüllt werden kann. Die Vorderkante wird fest auf die Rückseite des Siebes gedrückt (mit Rückseite ist die vom Rahmen abgewandte Seite des Gewebes gemeint) und unter gleich bleibendem Druck von unten nach oben über das Gewebe gezogen. Sie hinterlässt dabei eine gleichmäßige dünne Kopierschicht (siehe Fotos).

Folgende Regeln für die Verwendung von Emulsionen sind zu beachten: Achten Sie darauf, dass die Beschichtungsrinne makellos sauber ist und keine Kerben oder Rillen aufweist. Das gilt vor allem für die hintere Kante der Leiste. Sie darf keinerlei Rückstände oder angetrocknete Emulsion enthalten.

Der Behälter mit der Emulsion muss stets fest verschlossen sein und sollte möglichst im Kühlschrank aufbewahrt werden, damit sich keine Klümpchen bilden oder die Masse eindickt.

Achten Sie darauf, dass die Siebe korrekt und straff gespannt sind, damit Sie mit möglichst wenig Kopierschicht auskommen. In den meisten Fällen reicht eine Schicht aus, die anschließend von Hand nachgebessert wird, um eventuelle Löcher in der Schablone auszugleichen, die durch Staub oder andere Partikel auf der Glasscheibe entstehen.

Beschichtung (Vorgehensweise)

Die Beschichtung braucht nicht bei Dunkelkammerbeleuchtung zu erfolgen, so lange die Siebe nicht direktem Sonnenlicht ausgesetzt werden, die Emulsion rasch verbraucht und der Rest wieder in den Behälter zurückgeschüttet wird und man das Sieb nicht bei Tageslicht trocknet. Nach dem

Beschichten müssen die Siebe allerdings dunkel oder in Dunkelkammerlicht aufbewahrt werden. Beschichtete Siebe halten sich mehrere Tage, danach sollten sie entschichtet und erneut beschichtet werden. Direkte Sonneneinstrahlung über mehr als fünf Minuten schadet der Emulsion.

Die Beschichtungsrinne wird etwa zwei bis drei cm hoch mit Emulsion gefüllt. Es ist besser, überschüssige Mengen in den Behälter zurückzuschütten, als mittendrin nachfüllen zu müssen. Das Sieb wird in einem Winkel von rund 60° schräg aufgestellt, so dass die Oberkante an der Wand anliegt. Die Rinne an die Unterkante des Siebs halten und kippen, bis entlang der Kante eine durchgehende Schicht Emulsion auf das Sieb gelangt, dann die Siebrückseite gleichmäßig von unten nach oben beschichten.

Die Anbieter von Kopierschichten empfehlen einstimmig, man solle das Sieb mehrfach oder auf beiden Seiten beschichten, um eine solide Schablone und gleich bleibend gute Resultate bei mehreren Belichtungen zu erzielen. Keiner der beiden Punkte ist für Kunstdrucker/innen allzu wichtig. Durch die Mehrfachbeschichtung soll die Schablone so verstärkt werden, dass sie tausende von Druckvorgängen aushält, doch das kommt für Kunstschaffende kaum in Betracht. Wir haben sogar festgestellt, dass eine einmalige Beschichtung nicht nur preiswerter ist, sondern dass man zudem mit einer dünneren Direktschablone (die für industrielle Zwecke unbrauchbar wäre) bei kurzen Belichtungszeiten viel feinere Details wiedergeben kann als mit einer aus mehreren Schichten bestehenden Schablone.

Trocknung

Das Wichtigste ist, das Sieb stets mit Wärme zu trocknen. In einem Kunstdruckatelier in Kalifornien, das ich besuchte, ist es ständig heiß genug. Nach dem Beschichten lehnt man die Siebe dort einfach in der Dunkelkammer an die Wand und lässt sie von selbst trocknen. Wegen der hohen Luftfeuchtigkeit bilden sich in der Emulsion beim Trocknen Wassertröpfchen, die beim Belichten eine Lichtstreuung bewirken und die Schablonen verderben. Ich war überrascht, dass das Unternehmen aufgrund der fehlenden Wärmetrocknung und des ebenfalls fehlenden Densitometers (mit dem die fotografische Dichte gemessen wird) keine hochauflösenden Schablonen herstellen konnte. Die Wärmezufuhr sollte nicht zu stark sein, die ideale Temperatur liegt bei 35 bis 40° C.

Man kann die Siebe auch in einer Dunkelkammer vor einem Heizlüfter trocknen lassen. Die beste Lösung ist ein Trockenschrank (siehe Kapitel 7: Ateliereinrichtung).

Schablonenherstellung

Sobald das Sieb beschichtet und trocken ist, kann es gestaltet und belichtet werden. Zunächst wird das Glas des Belichtungsgerätes (siehe Kapitel 7) gereinigt und auf Kratzer untersucht. Die positive Kopiervorlage wird seitenrichtig auf die Glasplatte gelegt, wobei die gezeichnete oder bemalte

Seite nach oben zeigt, so dass man Text richtig herum lesen könnte. Hierauf wird das Sieb gelegt, so dass dessen beschichtete Rückseite mit der Kopiervorlage in Kontakt kommt und der Rahmen nach oben zeigt. Zwischen dem Bild und dem inneren Rand des Rahmens soll ein Zwischenraum von mindestens 13 cm bestehen (siehe S. 41: Siebe).

Nun wird der Deckel des Kopierrahmens geschlossen und die Vakuumpumpe eingeschaltet. Bei Verwendung eines simplen Belichtungsgeräts (siehe Kapitel 7: Ateliereinrichtung) werden eine Gummimatte, eine Grundplatte und ein Gewicht auf das Sieb gelegt. Das Vakuum bzw. Gewicht hat die Aufgabe, die Kopiervorlage möglichst eng mit dem Sieb in Kontakt zu bringen, damit beim Belichten wenig Licht unter den Schablonenrändern hindurch gelangen kann. Das ist vor allem für feine Detailzeichnungen oder Halbtonarbeiten von Bedeutung, denn andernfalls gehen viele Feinheiten verloren. Wichtig ist auch, dass die Kopiervorlage seitenrichtig mit der Schichtseite nach oben liegt. Das bedeutet, dass der Aufdruck auf der Trägerfolie die oberste Lage bildet. Wird eine Halbtonarbeit belichtet, während dieser Aufdruck nach unten zeigt, können aufgrund der Dicke der Trägerfolie durch Unterstrahlung die feinsten Halbtonwerte verloren gehen.

Belichtungszeiten

Die Belichtungszeit hängt von der verwendeten Lichtquelle, Alter und Stärke der Glühlampen sowie von der Entfernung zwischen Kopiervorlage und Lichtquelle ab. Konkrete Zeitangaben sind deshalb nicht möglich. Die einzige Möglichkeit, eine bestimmte Belichtungszeit für ein bestimmtes Vorhaben festzulegen, besteht in der Anfertigung eines Testdias. Dazu wird

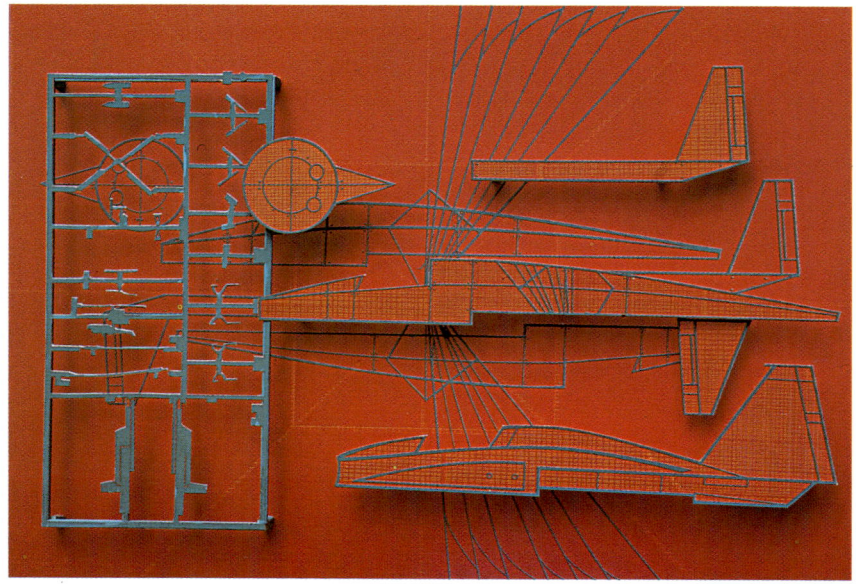

Red Alert von Penny Brewill, GB. Siebdruck-Konstruktion. 32 x 46 cm, 1999.

eine schwarze Maske auf die Glasplatte zwischen Lichtquelle und Sieb geklebt und damit eine Reihe Belichtungen durchgeführt.

Stellen Sie die Lichtquelle auf die empfohlene Belichtungszeit ein und belichten Sie einmal. Bei den beiden folgenden Durchgängen wird die Belichtungszeit je um zehn Prozent verkürzt bzw. verlängert. Dann wird das Sieb entwickelt und die Zeit gewählt, mit der die meisten Details dargestellt werden können, ohne dass die Schablone beim Drucken zerfällt. Wenn Sie keinen Anhaltspunkt haben, welche Belichtungszeit Sie benötigen, decken Sie ein Fünftel der Schablone mit schwarzem Papier ab und geben einen bestimmten Wert vor, beispielsweise zehn Einheiten, schalten dann die Lichtquelle ein und belichten das Sieb. Anschließend wird ein weiteres Fünftel des Siebs abgedeckt und weitere zehn Einheiten lang belichtet und so fort, bis Sie fünf verschiedene Belichtungen haben. Nun wird das Sieb entwickelt. Zeigt es nur unterbelichtete Stellen, könnten Sie auch die Kopiervorlage kaum erkennen, das heißt, die Schablone wäre verwaschen. Wiederholen Sie den Test mit längeren Belichtungszeiten, etwa von 50 Einheiten. Ist jetzt eine Überbelichtung zu erkennen, bei der alle Details klar hervortreten, wiederholen Sie den Test nochmals mit etwas kürzeren Belichtungszeiten.

Es gibt allerdings einige generelle Anhaltspunkte. Diazo-Kopierschichten ermöglichen einen großen Belichtungsspielraum, sobald eine mittlere Belichtungszeit feststeht. Sie kann der jeweiligen Kopiervorlage angepasst werden. Für gekörnte Filme (True Grain) sind meist längere Belichtungszeiten erforderlich als für Filmpositive gewerblicher Reproduktionsbetriebe, weil die körnigen Filme leicht milchig und deshalb etwas weniger lichtdurchlässig sind. Das Gleiche gilt für Laserfolien (Folex). Zarte Aquarelle erfordern kürzere Belichtungszeiten als durchgehende schwarze Flächen. Halten Sie sich stets vor Augen, dass Sie es mit einem fotografischen Prozess zu tun haben und deshalb bei der Schablonenbelichtung ähnliche Anpassungen vornehmen können wie bei normalen Fotos. Eine blasse Kopiervorlage kann daher gut durch eine kürzere Belichtungszeit, eine sehr dichte mit einer längeren Belichtungszeit ausgeglichen werden.

UV-Lampen

Ultraviolette Lichtquellen gibt es in zwei Varianten. Die eine Sorte besteht aus UV-Strahlern oder -Röhren, in der einfachsten Form aus einer einzelnen Birne mit einem Einschaltknopf und Ballastwiderstand, bei komplexeren Geräten aus mehreren Birnen oder Röhrenreihen. Die Lampe ist meist in einem Kasten mit Klappen untergebracht, die zum Belichten geöffnet werden.

Lichtquellen – hier eine 1 kW-Halogenglühlampe; im Hintergrund der Kopierrahmen.

Die zweite gängige Sorte ist mit einer Halogenglühlampe ausgestattet, normalerweise in Form einer freistehenden Lichtquelle mit eingebauter Blende und separatem Kopierrahmen (Belichtungsrahmen). Dieser besteht aus einer Glasplatte und einem Vakuum-Kontaktrahmen, der das Sieb eng an die Glasplatte presst. Sobald die Vakuumpumpe läuft, wird der gesamte Rahmen um 90° gekippt, so dass er der Lichtquelle gegenüber steht. Halogenglühlampen sind heller als die üblichen UV-Lampen. Sie werden in Stärken zwischen 0,5 und 5 kW angeboten.

Alle UV-Lichtquellen benötigen eine Vorheizzeit und müssen nach Gebrauch abkühlen. Schaltet man sie sofort nach dem Abschalten wieder ein, können sie Schaden nehmen. Im Allgemeinen am besten geeignet sind Halogenbirnen von 1 kW.

Entwickeln

Das belichtete Sieb sollte möglichst schnell ausgewaschen werden. Setzen Sie es nicht dem Tageslicht aus, da sonst die von der Kopiervorlage abgedeckten und deshalb unbelichteten Stellen ebenfalls belichtet würden. Alle neuen Emulsionen werden mit kaltem Wasser ausgewaschen. Am einfachsten geschieht das mit normalem Leitungsdruck und einem Brausekopf. Benetzen Sie zunächst vorsichtig die Siebrückseite, drehen Sie dann das Sieb um und spülen Sie alle unbelichteten Teile der Schablone fort. Dabei muss die gesamte Fläche mit Wasser besprengt werden, nicht nur die Bildteile. Wird das Sieb nicht gründlich ausgewaschen, bleiben Rückstände der unbelichteten Emulsion zurück, die das Sieb zusetzen und beim Drucken Probleme bereiten können. Darüber hinaus ist die Emulsion leicht sauer, und wenn die Rückstände nicht entfernt werden, kann es bei einigen Acrylfarben zu Wechselwirkungen kommen, so dass letztere auf dem Sieb hart werden. Deshalb muss das Sieb vor der Verwendung bestimmter Farben mit einer milden Lauge abgewaschen werden (siehe Kapitel 6, Druckfarben), um die in der Kopierschicht enthaltene Säure zu neutralisieren. Nach dem Auswaschen wird das Sieb zurück in den Trockenschrank gelegt.

Wer nicht oft mit Siebdruck arbeitet, kann das Sieb durchaus in einer großen Spüle oder sogar einer Badewanne auswaschen, muss dabei jedoch besonders gründlich vorgehen. Die ausgeschwemmte Emulsion kann zudem die Abflussrohre verstopfen.

Siebfüller

Siebfüller dienen dazu, die kleinen Löcher in der Schablone auszubessern, die meist durch Staubpartikel auf der Glasplatte des Kopierrahmens entstehen. Man verwendet sie auch dazu, Teile der Schablone abzudecken, die nach einem Druckdurchgang nicht mehr benötigt werden und allzu nah an den nächsten Druckbereichen liegen. Außerdem kann man bei Bedarf Änderungen an der Schablone vornehmen. Früher malte man mit Siebfüllern in erster Linie das Motiv direkt auf das Sieb.

Der wesentliche Nachteil beim Siebdruck mit wasserlöslichen Farben ist nach Ansicht vieler, dass es keine guten Siebfüller für handgemalte Schablonen gibt. Dafür gibt es einen triftigen wirtschaftlichen Grund: Wir stellten ja bereits fest, dass Siebdruckprodukte vor allem für die Industrie entwickelt und dann erst von Kunstschaffenden übernommen und angepasst werden. Die Kosten für die Entwicklung und Lagerung eines Siebfüllers muss sich wirtschaftlich rentieren. Die Industrie hat jedoch keinen Bedarf für einen abwaschbaren Siebfüller, und der Kunstgewerbemarkt würde solche Produkte nur in so geringem Umfang abnehmen (vielleicht einen Fünfliterkanister pro Jahr), dass kein Unternehmen bereit ist, Zeit und Geld in die Entwicklung zu investieren. Ein ausgezeichneter wasserlöslicher Siebfüller wird in Großbritannien von Gibbon Marler unter dem Markennamen »Safeguard Water Soluble Green Filler« angeboten. Er wird im Verhältnis 1:1 mit Wasser angemischt und mit einer Kombination zweier Produkte entschichtet (Kissel and Wolf A9 extra und Pregasol F).

Nachbessern und Abkleben

Sobald das Sieb nach dem Auswaschen vollständig getrocknet ist, kann die Schablone retuschiert werden. Dazu verwendet man den oben beschriebenen wasserlöslichen Siebfüller und einen feinen Pinsel. Wird nur eine

Beim Ausbessern werden Löcher in der Schablone von Hand aufgefüllt. Sie entstehen durch Staubkörnchen und Lichtreflexionen am Rand des Positivs.

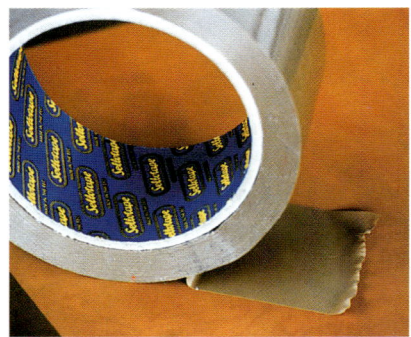

Packband (Sellotape hinterließ als einzige der von uns getesteten Marken keine klebrigen Rückstände auf dem Sieb.)

Kopierschicht aufgetragen, ist das Nachbessern praktisch immer unerlässlich. Tragen Sie den Siebfüller nicht zu großzügig auf, denn eine allzu dicke Lage lässt sich beim späteren Entschichten schlecht wieder entfernen.

Dort, wo keine Emulsion aufgetragen wurde, muss das Sieb ringsum abgeklebt werden. Das richtige Klebeband dafür zu finden, ist ein echtes Problem, denn es darf hinterher keine Klebereste hinterlassen. Ich kann lediglich empfehlen, verschiedene Marken auszuprobieren. Ich persönlich verwende das Packband der Firma Sellotape mit der gelben Schrift auf blauem Grund an der Innenseite der Rolle.

Beim Auswaschen sollten Ohrschützer getragen werden, da der Wasserstrahl auf dem straffen Gewebe sehr laut ist.

Entschichten und Reinigen des Siebs

Auch wenn für die meisten heute zum Entschichten verwendeten Chemikalien keine Warnhinweise mehr gelten, empfiehlt es sich, eine Schutzbrille, Gummihandschuhe und eine Schürze zu tragen, bei der Arbeit mit einem Hochdruckreiniger zudem Ohrenschützer.

Sofort nach dem Drucken wird überschüssige Farbe entfernt. Das Sieb wird in eine Waschwanne gestellt (siehe Kapitel 7) und die restliche Farbe mit Wasser abgespült. Eine kleine Menge Entschichter wird beidseitig auf das noch nasse Sieb aufgetragen. Nach einigen Minuten Einwirkzeit wird das Sieb abgespült. Der Entschichter und die aufgeweichte Emulsion sollten mit einem Schlauch bei normalem Leitungsdruck abgewaschen werden, damit die Substanzen nicht umher spritzen, anschließend wird das Sieb von beiden Seiten mit dem Hochdruckreiniger gesäubert. Meist lassen sich so Emulsion und Farbreste aus dem Sieb herauswaschen.

Eingetrocknete Farbe, die sich mit dem Hochdruckreiniger nicht entfernen lässt, muss nachbehandelt werden. Dazu gibt es drei Methoden, die zunehmende Gesundheitsrisiken bergen. Als erste Maßnahme wäscht man den betroffenen Teil des Siebs mit einem milden Bleichmittel ab, etwa einem Haushaltsreiniger. Hilft das nicht, probiert man es mit einem wasserlöslichen Sieböffner oder mit einer bleichmittelhaltigen Reinigungspaste wie Pregan. Es ist Vorsicht geboten, beachten Sie stets die Gebrauchsanweisung. Für extrem verklebte Siebe, gibt es ein drastisches letztes Mittel: Man übergießt sie mit fast kochend heißem Wasser, um das Acryl so weit aufzuweichen, dass es mit dem Hochdruckreiniger entfernt werden kann. Ist das Wasser zu heiß, kann sich das Polyestergewebe auflösen. Es muss heiß genug sein, um die Farbe aufzuweichen, aber nicht so heiß, dass es das Gewebe angreift, und dieser Temperaturbereich ist sehr eng bemessen.

Entfernen von Geisterbildern

Sind die Geisterbilder sehr ausgeprägt und beeinträchtigen die Qualität des Siebes oder sind die Passermarken nicht mehr gut sichtbar, muss das Sieb mit einem Siebreiniger wie Pregan gesäubert werden. Man trägt die Paste mit einer Bürste sparsam auf beiden Seiten des feuchten Siebs auf, lässt sie 20 Minuten einwirken und wäscht sie dann mit normalem Leitungsdruck vorsichtig ab. **Hinweis: Pastöse Siebreiniger sind stark ätzend und dürfen deshalb nur mit größter Vorsicht verwendet werden. Tragen Sie unbedingt Schutzbrille, Handschuhe und Schürze.**

Untitled von Dale Deveraux Barker, GB. Siebdruck Einzeldruck (Ölbasis),
55 x 38 cm, 1999. Gedruckt durch den Künstler.
Mit freundlicher Genehmigung des Künstlers.

4. DRUCKFARBEN

Dieses Kapitel beschäftigt sich mit den verschiedenen Druckfarben und der Frage, welche davon für spezielle Vorhaben geeignet sind; ferner mit dem Anmischen und der Lagerung von Farben, den erzielbaren Effekten und dem Drucken von Vorlagen auf Kupferstichplatten.

In den vergangenen fünf Jahren erschienen immer wieder neue wasserlösliche Druckfarben auf dem Markt. Um Missverständnisse von vornherein auszuräumen: Jede dieser Farben enthält in geringem Maße (unter 2 Prozent) ein kohlenwasserstoffhaltiges Lösungsmittel. Die meisten davon sind Ester, wie sie z.B. auch bei der Herstellung von Lippenstiften verwendet werden. Zum Anmischen und Auswaschen wird dagegen Wasser benutzt. Meines Wissens gibt es heute 28 verschiedene Marken wasserlöslicher Druckfarben, die in vier Hauptgruppen unterteilt werden können. Ich nenne nachfolgend die Ergebnisse aus einem Forschungsprojekt der University of the West of England, das die ersten 12 auf den Markt gekommenen Farben umfasste. Die 16 neu eingeführten Farben weisen meines Wissens keine großen Unterschiede zu den vier aufgeführten Gruppen auf.

Farbgruppen

Wir unterscheiden vier Hauptgruppen wasserlöslicher Druckfarben:

1. Künstler-Acrylfarben. Um sie druckfähig zu machen, werden sie mit einem Siebdruck-Bindemittel angemischt.

2. Industrielle Siebdruckfarben für die Papier- und Kartonindustrie werden von den Herstellern herkömmlicher Lösungsmittelfarben zwar angeboten, stecken jedoch noch in den Kinderschuhen, da sie für eine gewerbliche Weiterentwicklung nicht interessant genug sind.

3. Fertig angemischte Druckfarben speziell für den Siebdruck werden von kleinen Herstellern für einige wenige spezialisierte Anwender angeboten.

4. Mit Bindemittel angemischte Textilfarben gibt es schon seit Jahren. Für den Siebdruck kommen sie in der Regel nicht in Betracht, zum einen, weil sie eher auf Farbstoffen als Pigmenten basieren, die als Druckfarbe ausgesprochen flüchtig sind, und zweitens, weil man bei Stofffarben einen hohen Wassergehalt toleriert und sie deshalb sehr dazu neigen, Papier aufquellen zu lassen.

Getestete Farben

ACRYLFARBEN

Hersteller	Markenname
Chroma Acrylics	Chromacryl
Lascaux	Gouache
	Studio
Daler Rowney	System 3

INDUSTRIEFARBEN

Hersteller	Markenname
Small Products	Aquagraphic
Ash Coatings	Aqualex
Coates Lorrilux	Hydroprint
Marler	Paintbox
JT Keep	Sinvaqua »SQE«
TW Graphics	1000er Serie

VORGEMISCHTE KÜNSTLERFARBEN

Hersteller	Markenname
Hunt	Speedball

ERHÄLTLICHE, ABER NICHT GETESTETE DRUCKFARBEN
Createx, Golden, Marabu, Quimovil, Proll,
Screen Colour Systems, Sun Chemical, Visprox, VFP,
TW Graphics 5000er Serie, Union, Sericol

Testmethoden

Von jeder Marke wurden fünf Farben anhand von 28 Kriterien getestet, die in fünf große Kategorien unterteilt waren: Farbtonqualität, Druckfarben-qualität, Bindemittelqualität (so weit anwendbar), Druckeigenschaften und allgemeine Beobachtungen. Zur Beurteilung dieser Eigenschaften wurden alle Druckfarben auf ein Gitternetz zu 5 x 5 Feldern mit schwarzem Strich-kreuz gedruckt. Die Muster wurden gedruckt auf gewöhnlichen schweren Zeichenkarton (200 g/m^2), glattes Somerset white HP (300 g/m^2) und preis-wertes Recycling-Zeichenpapier (140 g/m^2), um die Qualität auf unter-schiedlichen Bedruckstoffen vergleichen zu können. Verwendet wurden ein halbautomatisches Svecia-Siebdruckgerät und 120-T-Siebe mit einer Span-nung von 14 N/cm^2, um sicherzustellen, dass Geschwindigkeit, Rakeldruck usw. einheitlich waren. Gedruckt und beurteilt wurden die Farben von erfahrenen Druckern; die Gruppe umfasste u.a. Techniker, Künstler und gewerbliche Kunstdrucker. Obwohl wir die Ergebnisse und Schlussfolgerun-gen für so objektiv wie eben möglich halten, können wir letztlich ein ge-wisses Maß an Subjektivität nicht ausschließen. Die Beurteilung soll als Leitfaden für die Abwägung von Vor- und Nachteilen der verschiedenen Druckfarben dienen, damit der Drucker das für den jeweiligen Zweck am

	1000er-Serie	Aquagraphic	Aqualex	Chromacryl	Gouache	Hydroprint	Paintbox	Sinvaqua »SQE«	Speedball	Studio (Acryl)	System 3
Farbqualität											
Transparenz	6.5	5.3	6.0	6.5	7.5	7.8	7.5	5.8	7.3	7.0	**8.0**
Mittlere Farbkraft	8.4	6.6	7.4	5.0	6.2	7.9	**8.4**	7.4	6.5	6.4	6.9
Milchigkeit	7.9	5.5	7.6	5.0	6.2	7.0	**8.2**	7.0	6.8	7.2	7.5
Farbmischbarkeit	**9.0**	5.5	6.3	6.0	7.0	7.0	8.4	6.8	8.0	7.0	7.9
Überdruckbarkeit	7.8	5.3	6.8	5.3	7.6	6.0	**8.9**	6.5	7.0	6.5	6.5
Farbintensität	**9.8**	5.4	7.6	4.4	6.4	8.5	9.0	6.0	7.0	7.8	7.2
Ausgewogenheit der Farbpalette	**8.3**	6.0	**8.3**	6.7	**8.3**	7.7	6.0	7.3	7.0	**8.3**	8.0
Subjektive Qualität	**8.8**	6.2	5.8	5.3	6.0	5.0	7.8	4.8	7.4	6.8	8.0
Druckfarbenqualität											
Textur	**9.0**	7.4	7.6	6.6	7.0	7.5	7.6	6.0	7.6	7.6	8.0
Mischbarkeit	**10.**	–	6.0	5.6	7.0	–	7.0	7.0	9.0	7.0	6.8
Oberflächen-Finish	8.0	6.6	**9.6**	4.0	5.2	6.8	7.0	8.8	6.2	6.4	6.0
Bindemittelqualität											
Viskosität	**8.0**	–	–	–	7.0	–	–	–	–	7.0	7.6
Elastizität	**8.0**	–	–	–	6.0	–	–	–	–	6.0	7.0
Deckkraft	**9.0**	–	–	–	8.0	–	–	–	–	8.0	8.0
Druckeigenschaften											
Detailwiedergabe	8.0	8.0	6.0	7.2	6.0	**9.0**	7.0	8.0	7.0	7.0	8.0
Verlauf	8.8	8.8	8.0	8.2	9.0	10.	8.0	8.0	7.8	**9.0**	**9.0**
Offenhaltung des Siebs	6.6	8.8	7.4	**9.0**	**9.0**	3.0	8.0	8.0	**9.0**	**9.0**	**9.0**
Aufwerfen des Papiers	7.6	4.0	5.8	7.0	4.8	6.8	7.0	4.0	**8.2**	5.2	6.0
Erneute Anmischbarkeit	5.2	7.8	2.0	**10.**	**10.**	3.2	6.8	1.4	8.0	8.4	8.8
Verfärbung des Siebs	6.4	8.4	4.0	**10.**	**10.**	4.0	7.2	6.0	7.8	9.8	8.2
Deckvermögen	**9.0**	5.6	7.0	5.6	8.0	8.2	8.0	7.0	7.8	7.2	7.0
Eintrocknung	7.0	**9.0**	4.2	**9.0**	7.0	3.0	7.8	5.4	8.0	6.6	8.5
Qualität des Feststoffs	**9.6**	6.4	8.8	4.0	5.8	6.8	7.2	7.8	6.4	7.0	6.8
Selbstlöslichkeit	6.0	6.0	4.0	**9.0**	6.0	3.0	7.0	5.0	7.0	6.0	8.0
Allgemeine Beobachtungen											
Geruch	5.0	8.0	2.0	6.8	10.	2.2	6.0	1.0	8.8	9.0	**10**
Trocknungszeit	9.5	**10.**	9.9	8.0	2.2	7.6	**10.**	9.9	**10.**	3.5	9.5
Reizeigenschaften	7.0	8.0	2.0	8.4	**10.**	2.0	6.6	1.0	8.0	10.	**10.**
Kosten	7.5	8.6	7.2	9.5	7.0	6.3	3.5	5.7	1.0	7.0	**10.**
WERT (IM SCHNITT)	**7.9**	**7.0**	**6.3**	**6.9**	**7.2**	**6.1**	**7.4**	**6.1**	**7.4**	**7.3**	**7.9**

besten geeignete Produkt auswählen kann. Jede der fünf Farben jeder Sorte wurde auf einer Punktskala von eins bis zehn beurteilt. Nur die durchschnittliche Punktzahl ist aufgeführt. Für die Kategorie »Kosten« wurde der ungefähre Preis für einen Liter druckfertiger Farbe ermittelt und bewertet.

Schlussfolgerungen

Generell kann man sagen, dass Acrylfarben mit Siebdruckbindemittel sehr langsam auf dem Sieb trocknen und sich ideal für feine Detaildrucke eignen (z.B. Daler Rowney, Lascaux). Auch für den Unterricht sind sie zu empfehlen, doch sind die Farbtöne nicht brillant und wirken manchmal beim Überdrucken etwas trüb. Die Farben sind zum Teil sehr preisgünstig (Daler Rowney und Chroma Acrylics Chromacryl). Sie neigen aber dazu, Papier aufquellen zu lassen, so dass sie sich für dünne Bedruckstoffe nicht eignen.

Bei den Industriefarben bestehen größere Unterschiede. Einige haben eine bessere Leuchtkraft (TW Graphics 1000er Serie) oder Abriebfestigkeit (Marler Paintbox und Coates Lorrilux Hydroprint), während bei anderen das Druckbild an die Qualität lösungsmittelhaltiger Druckfarben heranreicht (Ash Coatings Aqualex). Oft lassen sie sich gut in Verbindung mit alternativen Bedruckstoffen verwenden (Small Products Aquagraphic und JT Keep Sinvaqua »SQE«), bieten dafür aber nur wenige Farbtöne. Eine Ausnahme bildet die 1000er-Serie von TW Graphics, die von allen Druckfarben einen der höchsten Werte für Farbvielfalt aufweist. Allerdings trocknen diese Farben rasch auf dem Sieb und sind auch schlecht auszuwaschen.

Die Farbqualität der einzelnen Marken ist recht unterschiedlich und steht oft in keinem Verhältnis zu ihren Vor- und Nachteilen beim Drucken. Die Beurteilung der Farbqualität ist weitgehend subjektiv, genau wie die Gesamtqualität einer bestimmten Sorte, und gerade in Bezug auf diese Kriterien bestand am wenigsten Einigkeit zwischen den Prüfern, die alle unterschiedliche Erfahrungen mitbrachten. Diese Aspekte wurden in den veröffentlichten Ergebnissen zu einem Gesamtwert zusammengefasst.

Die Qualität der Druckfarben spiegelt insgesamt die vom Hersteller anvisierten Anwendungsgebiete wider. Acrylfarben sind oft sehr dickflüssig, gelartig (thixotrop) und erfordern deshalb von jedem, der an lösungsmittelhaltige Farben gewöhnt war, eine erhebliche Umgewöhnung. Die Qualität der Industriefarben ist mit herkömmlichen Lösungsmittelfarben vergleichbar, doch müssen die Siebe häufig mit einer Lauge vorbehandelt werden, um die Säure der Fotoschablone zu neutralisieren.

Die Trocknungszeiten auf dem Sieb sind sehr verschieden. Die Bandbreite reicht von den äußerst langsam trocknenden System-3-Farben von Daler Rowney bis zu Coates Lorrilux Hydroprint, die schnell trocken sind. Acrylfarben wie z.B. Lascaux Gouache und Studio, Chroma Acrylics Chromacryl und Daler Rowney lassen sich leicht auswaschen, was sie ebenfalls für Anfänger/innen geeignet macht. Einige der Industriefarben sind in dieser Hinsicht anspruchsvoller (TW Graphics 1000er-Serie und Marler Paintbox), was jedoch für erfahrene Siebdrucker/innen durch ihre bessere Farb- und Oberflächenqualität wettgemacht wird. Das Aufwerfen des Papiers ist ein Problem bei fast allen Farben, mit Ausnahme der beiden mit den besten Punktwerten (Hunt Speedball und TW Graphics 1000er-Serie). Bei den übrigen ist zu empfehlen, ein schwereres Papier bzw. dickeren Karton als normalerweise üblich zu verwenden (mindestens 250 g/m^2).

Hinsichtlich Geruch und Reizeigenschaften erhielten Lascaux Gouache und Studio sowie Daler Rowney System 3 subjektiv die besten Noten; Hunt Speedball erfüllt die US-amerikanischen Gesundheits- und Umwelt- schutznormen. Die Punktwerte zu den Kosten basieren nur auf den fünf getesteten Farbtönen. Bei einigen Marken sind Farben wie z.B. Magenta vier- bis fünfmal so teuer wie die Standardtöne. Die Tabelle zeigt, dass die Kosten nicht zwangsläufig in Relation zur Qualität stehen.

Druckfarben für spezielle Vorhaben

Nachdem ich nun seit über sieben Jahren wasserlösliche Siebdruckfarben verwende, bevorzuge ich heute bestimmte Marken für bestimmte Vorha- ben oder ich mische verschiedene Sorten, um den gewünschten Effekt oder eine bestimmte Konsistenz zu erzielen. Das war auch bei Lösungsmittel- farben nicht anders. Nachfolgend möchte ich einige nützliche Leitlinien und Methoden vorstellen, wobei die Entscheidungen natürlich überwiegend subjektiver Natur sind und meine persönlichen Vorlieben spiegeln.

Künstlerische und andere anspruchsvolle Arbeiten

Ich verwende hierfür die 1000er-Serie von TW Graphics wegen ihrer Farb- intensität, der Vielseitigkeit der Bindemittel, ihrer ästhetischen Qualitäten sowie der Tatsache, dass sie Papier kaum aufquellen lassen. Diese Faktoren machen ihre Nachteile wett, vor allem die, dass sie relativ schnell auf dem Sieb antrocknen und nicht leicht erneut anzurühren sind. Diese Marke empfehle ich für künstlerische und sonstige anspruchsvolle Vorhaben. Marler Paintbox und Hunt Speedball sind ebenfalls sehr gut. Der Nachteil an Paintbox ist, dass die Palette kein rötliches Blau umfasst, so dass einige Farbnuancen schwer zu mischen sind. Hunt Speedball ist in Großbritan- nien teuer in Anschaffung und Gebrauch. Union-Farben wurden zwar nicht getestet, werden aber von Anwendern in den Vereinigten Staaten empfohlen.

Kunsthochschulen und Gemeinschaftsateliers

In Großbritannien eignet sich Daler Rowney wegen der geringen Kosten für diese Zwecke am besten. Die Druckfarbe ist für alle möglichen Vorhaben gut geeignet und trocknet langsam. Auf dem europäischen Kontinent und in den USA, wo der Preisvorteil nicht so ausgeprägt ist, bieten sich eher Lascaux oder Golden an, die ähnliche Eigenschaften aufweisen und hinsicht- lich Farbqualität und Handhabung ebenfalls gut abschneiden.

Mummer von Allan Mann, Australien. Multiple Glasplatten, Siebdruck mit Blattgold und -silber und Sandstrahlbehandlung, 26 x 18 x 5,5 cm, 1994.
Mit freundlicher Genehmigung des Künstlers.

Metallfarben

Bezüglich des Anmischens von Metallfarben (»Bronzen«) bestehen Unterschiede vor allem in der Viskosität. Bei lösungsmittelhaltigen Farben ist die Masse in der Regel zähflüssiger, so dass die Metallpartikel in der Farbe gleichmäßig suspendiert bleiben. Bei wasserlöslichen Farben sinken die Partikel dagegen sehr rasch zu Boden. Fertig angemischte Metallfarben sind deshalb nicht sehr sinnvoll. Geeignete Bronzefarben können nach den folgenden Vorgaben hergestellt werden: Zunächst nimmt man eine kleine Menge Bindemittel und mischt es mit dem feinsten Metallpulver, das man findet. Die Masse wird langsam zu einer dicken Paste verrührt. Das Pulver muss vollständig untergemischt sein. Nun wird unter ständigem Rühren weiter Bindemittel zugegeben, bis die Farbe die gewünschte Konsistenz hat, und unverzüglich gedruckt. Die Farbe bleibt nur wenige Stunden stabil, danach sinken die Metallpartikel zu Boden und es lässt sich kein guter Metalleffekt mehr erzielen. In diesem Fall kann man nur noch die alte Farbe entsorgen und eine neue anmischen.

Glanzeffekte

Die meines Erachtens wirkungsvollste Glanzfarbe wird von TW Graphics hergestellt. Es handelt sich um ein Glanz-Bindemittel und eine hochglänzende Überdruckfarbe für ein schönes Oberflächenfinish. Wenn Sie mit Acrylfarben (Daler Rowney, Lascaux) Glanzeffekte erzielen möchten, können Sie die Farben mit Acryl-Glanzbindemittel anmischen, doch müssen

Sie dabei darauf achten, dass der Anteil Glanzbindemittel plus Farbe die
für das Verhältnis Farbe zu Bindemittel empfohlenen 50 Prozent nicht
übersteigt, da in diesem Fall das Glanzbindemittel als Farbe gewertet wird.

Radierplatten bedrucken

Der Siebdruck eignet sich auch hervorragend, um Fotos auf Radierplatten
zu übertragen, wenn herkömmliche Verfahren nicht zur Verfügung stehen.
Für den Druck von Fotos mit wasserlöslichen Farben direkt auf Radierplatten gibt es zwei Methoden. Zunächst muss die Platte wie üblich mit Kreide
und Ammoniak entfettet und anschließend getrocknet werden (siehe
Walter Chamberlain, *Etching*).

Zum einen kann man mit einem wasserfesten Bindemittel (z.B. von TW
Graphics) ein Negativbild auf die Radierplatte drucken. Dazu wird die Platte

Oben links: *Golden Section 9* von Steve Hoskins, Druckfarbe auf Ölbasis, 76 x 56 cm.
Oben rechts: *Golden Section 10* von Steve Hoskins; wasserlösl. Druckfarbe, 76 x 56 cm
Beide Drucke wurden angefertigt als Beweis, dass der Betrachter nicht in der Lage
ist, einen Unterschied zwischen Druckfarben auf Öl- und Wasserbasis zu erkennen.

wie gewohnt mit Ätzgrund bestäubt und dann mit Säure oder aus Sicher-
heitsgründen mit Eisenchlorid (bei Kupferplatten) geätzt. Die wasserfeste
Druckfarbe widersteht der Säure hinreichend, um eine gut erkennbare
Fotografie auf der Platte zu erzeugen. Der Ätzgrund wird dann mit Methyl-
alkohol abgewaschen; den Siebdruck-Ätzgrund beizt man mit einer milden
Lauge ab.

Die zweite Möglichkeit besteht darin, mit Acrylfarbe (z.B. Daler Rowney)
ein Positiv auf die Radierplatte zu drucken. Die Farbe wird dann mit so
genannter Zuckeraquatinta oder Reversage weiterbehandelt. Damit man
besser sieht, was auf der Platte geschieht, sollte man das Bindemittel mit
ein wenig Farbe anmischen. Die Zugabe von bis zu 20 Prozent Puderzucker
zur Farbe beschleunigt den Vorgang.

Sobald das Bild auf die entfettete Radierplatte gedruckt und die Farbe
trocken ist, wird sie mit Abdecklack beschichtet, den man mit Spiritus verdünnt. Anschließend lässt man die Platte trocknen, vorzugsweise über
Nacht. Als nächster Schritt wird heißes Wasser in einen Behälter gefüllt, der
größer als die Radierplatte ist. Die Platte hineinlegen, so dass sie vollständig mit Wasser bedeckt ist, und die Oberfläche vorsichtig mit einer Feder

Still 1 von Kristian Krokfors, Finnland, 66,7 x 54,5 cm, Auflage 20 Stück, 1999 (veröffentlicht 2000).
Gedruckt und veröffentlicht von Pratt Contemporary Art, Kent, GB.

oder einem sehr weichen Pinsel abwischen. Dabei müssten sich die be-
druckten Stellen ausdehnen und den Abdecklack lösen. Möglicherweise
muss noch etwas heißes Wasser nachgefüllt werden, bis der Lack vollständig von der Platte abgelöst ist. Die Platte nun aus dem Wasserbad nehmen,
trocknen lassen und wie eine normale Radierplatte weiter verwenden.

5.PAPIER

Dieses Kapitel beschäftigt sich mit der Papierherstellung, den verschiedenen Formaten, Gewichten und Oberflächen sowie damit, welche Papiersorten für den Siebdruck am besten geeignet sind und wie sie zu handhaben sind.

Papier besteht grundsätzlich aus Zellulose. In Europa wurde es bis ins 19. Jahrhundert aus Lumpen (Hadern) gemacht. Bei Papier für künstlerische Arbeiten dienen meist Baumwollhadern, so genannte Linters, als Rohstoff, manchmal auch andere Pflanzenfasern wie Esparto (Alfagras), Kozo, Eukalyptus und Maulbeere. Gewerbliche Druckpapiere und -kartons bestehen meist aus Holzzellulose. Die Fasern werden zerkleinert und mit Wasser zu einem dünnflüssigen Brei verrührt. Das Verhältnis zwischen Brei und Wasser wirkt sich unmittelbar auf das Gewicht des Papiers aus. Das aus diesem Brei hergestellte Papier wird in drei Gruppen unterteilt: handgeschöpftes Büttenpapier, mit der Rundsiebmaschine verarbeitete Imitationsbüttenpapier und mit Langsiebmaschinen produziertes Maschinenpapier. Die Art der Herstellung wirkt sich oft stärker auf die Qualität des Papiers aus als Gewicht, Format und Oberfläche. All diese Faktoren müssen bei der Auswahl des richtigen Druckpapiers berücksichtigt werden.

Papiersorten

Handbütten

In einem großen Bottich, dem »Holländer«, wird der Papierbrei verrührt, damit sich die Zellstofffasern gleichmäßig im Wasser verteilen. Mit einem Schöpfrahmen, der aus einem starren rechteckigen Holzrahmen und einem darüber gespannten feinmaschigen Drahtgitter mit einem Innenrahmen besteht, wird der Zellstoffbrei aus dem Bottich geschöpft und durch vorsichtiges Rütteln gleichmäßig auf dem Boden der Form verteilt. Das Wasser läuft durch das Drahtgitter ab, zugleich rinnt etwas Zellstoffmasse unter den Innenrahmen, so dass die typischen ungleichmäßigen Büttenränder entstehen. Das feuchte handgeschöpfte Blatt wird nun auf ein Stück Wollfilz gelegt (»abgegautscht«) und mit einem zweiten Stück Filz abgedeckt. Hierauf kommt das nächste Blatt und wiederum ein Stück Filz. Sobald eine ausreichende Anzahl Bogen geschöpft ist, wird der Stapel (Stoß) in eine Presse gelegt und die überschüssige Flüssigkeit herausgedrückt. Bogen und Filz werden getrennt, der Filz für den nächsten Stoß zurechtgelegt und die Blätter zu etwa 10 cm dicken Packen gestapelt. Sofern nicht ausdrücklich eine grobe Oberfläche erwünscht ist, wird dieser Packen nochmals ohne Filz zwischen Zinkplatten gepresst. Bei der ersten Pressung hinterlässt der Filz ein unregelmäßiges Fasermuster auf dem Papier, das bei der zweiten Pressung teilweise wieder geglättet wird. Die Bogen werden nun getrennt und getrocknet. Bei diesem Herstellungsverfahren ist die Laufrichtung, also die Ausrichtung der Fasern, nicht regelmäßig wie bei den anderen Methoden. Die Papierbogen sind deshalb ausgesprochen stabil.

Gewerblich gefertigtes Handbütten für Drucker wird beispielsweise von Moulin, Silberburg, De Geerts, Hahnenmühle und Zerkall angeboten.

Imitationsbütten

Die Herstellung beginnt auch hier mit dem Papierbrei im Holländer, doch wird in diesem Fall eine mit feinem Stahlgitter überzogene rotierende Walze teilweise in den wässrigen Brei abgesenkt, so dass sich der Zellstoff an der Außenseite des Zylinders absetzt. Nach vollendeter Umdrehung wird der Bogen auf Filz abgegautscht und auf einer Reihe von Walzen weiterverarbeitet. Die Papierrolle kann nun mit Leimungsmitteln wasserfest gemacht und/oder die Oberfläche in unterschiedlicher Weise behandelt werden. Erst am Schluss wird der Bogen in das richtige Format gerissen. Bei den langsam laufenden Rundsiebmaschinen bestehen zwischen den Längs- und Schmalseiten des Bogens naturgemäß Unterschiede hinsichtlich Eigenschaften und Laufrichtung des Papiers, sie sind jedoch nicht so groß wie bei industriell gefertigtem Maschinenpapier. Bekannte Hersteller von Imitationsbütten sind Somerset, Arches, Zerkall und Fabriano.

Oben: Rundsiebpapiermaschine.
Die Walze über dem Holländer wird als Egoutteur bezeichnet.

Rechts: Der Papierbrei wird aus dem Holländer auf den Egoutteur befördert.

Maschinenpapier

Maschinenpapier wird aus einem Papierbrei mit geringem Wasseranteil gemacht und ist minderwertiger als Hand- oder Imitationsbütten. Der Brei ist in einem großen Tank enthalten, dem »Stoffauflaufkasten«; darunter befindet sich ein schnell laufendes Drahtsiebband. Der Brei wird kontinuierlich auf das Laufband gesprüht, während das überschüssige Wasser durch die Gitternetzmaschen abfließt und durch eine Vakuumpumpe abgesaugt wird. Am

Langsiebpapiermaschine. Der Papierbrei wird auf ein Fließband unter dem Stoffauflaufkasten gesprüht.

Ende des Laufbandes wird das Papier abgegautscht, wie bei Imitationsbütten weiterbehandelt und schließlich zu großen Rollen aufgewickelt. Später wird es passend zugeschnitten. Erfunden wurden diese Langsiebpapiermaschinen im Jahre 1803 von den Gebrüdern Fourdrinier. Fast alle Gebrauchspapiere werden heutzutage auf solchen Maschinen hergestellt. Siebdrucker verwenden bei ihrer Arbeit vor allem Zeichenkarton und alle gewerblichen Druckpapiere.

Papiereigenschaften

Gängige Papierformate

Grundformat ist die Bogengröße A0 (= Fläche 1 qm). Durch Halbieren der jeweils längeren Seite und damit der Fläche entsteht das nächst kleinere Format (A1, A2 etc.).

Papierformat	Abmessungen
A0	84,1 x 118,9 cm
A1	59,4 x 84,1 cm
A2	42 x 59,4 cm
A3	29,7 x 42 cm
A4	21 x 29,7 cm
A5	14,8 x 21 cm
A6	10,5 x 14,8 cm

Papiergewicht

Das Gewicht des Papiers bzw. Kartons wird in Gramm pro Quadratmeter (g/m^2) des fertigen Papiers gemessen.

Oberflächen

Im angelsächsischen Bereich unterscheidet man bei Künstlerpapieren, vor allem Hand- und Imitationsbütten, drei Arten von Oberflächen: Rough (rau), HP (hot pressed = glatt) und NOT (not hot pressed, zwischen den beiden vorigen angesiedelt). Die Begriffe tauchten erstmals zu Beginn des 19. Jahrhunderts auf. HP bezeichnet eine satinierte Oberfläche, die dadurch entsteht, dass das bereits gepresste Papier entweder noch einige Male gepresst oder zwischen heißen Walzen geglättet wird. NOT heißt buchstäblich, dass keine Heißpressung stattfindet und die Oberfläche deshalb so bleibt, wie sie ist, während sich der Begriff Rough generell für eine noch rauere Oberfläche durchsetzte, die bei nur einmaligem Pressen entsteht. Es gilt also:

HP	absolut glatte Oberfläche
NOT	natürliche Oberfläche mit leichter Struktur
ROUGH	raue, grobe Oberfläche

Ein Wasserzeichen ist eine etwas dünnere Stelle im Papier. Es entsteht durch einen im Siebrahmen oder Egoutteur befestigten Draht. Je nach verwendetem Sieb unterscheidet man zwischen Velinpapier und geripptem Papier. Bei letzterem ist die Walze von einem groben Drahtsieb umgeben, das eine typische gerippte Oberflächenstruktur ergibt, die beispielsweise bei Ingrespapier zu finden ist. Auch viele handgemachte Japanpapiere weisen aufgrund der verwendeten Bambussiebe eine solche Oberfläche auf. Bei dem 1757 erfundenen Velinpapier ist der Egoutteur von einem glatten Drahtnetz umgeben. Es stellt heute die gängigste Papiersorte dar.

Leimung

Ungeleimtes Papier, beispielsweise Löschpapier, saugt sich mit Flüssigkeit oder Farbe voll. Erst die Leimung mit bestimmten Chemikalien bei der Papierherstellung macht das Papier mehr oder weniger wasserresistent. Typische Zusatzstoffe sind Gelatine und Kolofon oder in jüngerer Zeit Aquapel. Da die Leimung wesentlich die Saugfähigkeit des Papiers bestimmt, ist sie beim Siebdruck mit wasserlöslichen Farben ein wichtiger Faktor für die Wahl des richtigen Bedruckstoffs.

Für Kunstschaffende ist es sehr wichtig, dass das Papier säurefrei ist. Bei der Verwendung von Kolofon bei der Neutralleimung musste stets saures Aluminiumsulfat zugesetzt werden, damit das Kolofon am Zellstoff haftete, doch hatte das so behandelte Papier keine lange Lebensdauer. Heute wird hochwertiges Papier »säurefrei«, also mit neutralem pH-Wert hergestellt und ist dadurch äußerst alterungsbeständig.

Papier für den Siebdruck mit wasserlöslichen Farben

Da Papier Wasser aufsaugt und das Lösungsmittel für diese Farben nun einmal Wasser ist, muss die Papiersorte sehr sorgfältig gewählt werden. Wie das Papier durch die Farbe beeinflusst wird, hängt von verschiedenen Faktoren ab. Vor einigen Jahren führten wir am Centre for Fine Print Research mit großzügiger Unterstützung der Inveresk Paper Company eine Testreihe durch, bei der das beste Papier für Siebdruck mit wasserlöslichen Farben ermittelt werden sollte. In dem begrenzten Rahmen, der uns zur Verfügung stand, waren die Ergebnisse unklar und sie zeigten, dass die Schwierigkeiten nicht so vorhersagbar waren, wie wir vermutet hatten.

Immerhin ließen sich einige generelle Regeln ableiten. Bitte bedenken Sie, dass es sich dabei um Verallgemeinerungen handelt, und bei entsprechender Umsicht alle diese Papiersorten verwendet werden können.

Das Papier sollte schwerer sein als für den Druck mit Lösungsmittelfarben. Als Faustregel kann man sagen, dass Sorten mit mindestens 200 g/m^2 sich am besten eignen. Von den getesteten Sorten erwiesen sich diejenigen mit der geringeren Leimung und NOT- oder HP-Oberfläche als die geeignetsten. Diese Papiere saugen das Wasser offenbar auf, nehmen dann jedoch beim Trocknen ihre ursprüngliche Form und Struktur wieder an. Papiere mit sehr glatter Oberfläche und starker Leimung eignen sich nicht gut, denn wenn sie sich einmal mit Wasser vollgesaugt haben, kehren sie nicht ohne weiteres wieder zur ursprünglichen Form und Struktur zurück. Völlig ungeleimtes Papier funktioniert mit bestimmten Farbsorten durchaus, vor allem mit TW-Graphics-Produkten. Seltsamerweise ließen sich gerade mit den preiswertesten Papiersorten wie Zeitungspapier mit allen Marken hervorragende Ergebnisse erzielen, doch haben wir nie den Grund dafür herausgefunden.

Die von uns am häufigsten verwendeten Papiersorten sind Imitationsbütten, für die meisten normalen Druckvorhaben Somerset Satin 300 g/m^2. Ebenfalls gut tauglich sind German Etch 7317 mit 285 g/m^2, Arches Moulin de Gue 270 g/m^2 und Velin Arches Blanc 300 g/m^2. Wenn Sie auf sehr leichtes Papier drucken möchten, eignen sich auch einige handgeschöpfte Japanpapiere ausgezeichnet, etwa Hodamura 245. Sie absorbieren sehr schnell Wasser, werden aber beim Trocknen wieder glatt. Indische und thailändische Handbütten dagegen saugen die Feuchtigkeit auf und bleiben auch nach dem Trocknen wellig. Ich persönlich verwende gern Arches 88, das sich für ein ungeleimtes Papier hervorragend verhält. Für den Druck von Büchern verwenden wir oft Zerkall 145 g/m^2, doch ist bei diesen leichten Papiersorten Vorsicht geboten, denn sie eignen sich gut für Halbtonarbeiten und Texte, aber weniger für kompakte Farbflächen.

Für Unterrichtszwecke verwenden wir meist Industrie-Siebdruckkarton (Wiggins Teape 240 Mikron). Er ist schwer genug für alle Druckvorhaben und weist eine gut bedruckbare glatte Oberfläche auf. Im Gegensatz zu den

Burn for love von Renee Stout, USA. Farbsiebdruck mit Monotypesatz auf Arches 88-Papier, Auflage 50 Stück, 2000.
Gedruck durch Dennis O Neil bei Hand Print Workshop International, Alexandria, Virginia, USA. Mit freundlicher Genehmigung des Hand Print Workshop.

oben gemachten Angaben scheint die Oberfläche in diesem Fall keine Feuchtigkeit aufzusagen und relativ stabil zu bleiben, vermutlich weil aufgrund der Vielzahl von Zusätzen im Papier das in der Druckfarbe enthaltenen Wasser getrocknet ist, bevor es überhaupt durchschlagen kann.

Hand- und Imitationsbütten haben meist eine Vorder- und eine Rückseite. Das ist deshalb wichtig, weil nur die Vorderseite alle angegebenen Merkmale aufweist. Die Vorderseite ist meist anhand des Wasserzeichens leicht zu erkennen, da dieses nur von vorn seitenrichtig lesbar ist. Ist kein Wasserzeichen vorhanden, erkennt man oft an den Büttenrändern, wo vorn und hinten ist, da sie an der Rückseite ganz flach, an der Vorderseite jedoch dort, wo der Papierbrei unter den Rahmen gedrungen ist, leicht erhaben sind. Bei Imitationsbütten sieht man im übrigen eine ganz gerade Linie am Rand des Bogens unmittelbar vor dem Büttenrand. Bei Hand- oder Imitationsbütten kann man auf der Rückseite meist noch die Struktur des Gitters erkennen, mit dem der Bogen geschöpft wurde.

Papier reißen

Hochwertiges Papier wird üblicherweise eher gerissen als geschnitten.
Dies sollte stets von hinten nach vorn erfolgen. Man kennzeichnet die vorgesehene Trennlinie, legt ein schweres Stahllineal an und reißt das Papier
entlang der Linealkante zu sich hin (siehe Abbildung). Bei leichtem Handbütten feuchtet man die Kante vor dem Reißen meist an.

Laufrichtung

Im Gegensatz zu Handbütten weist sowohl Imitationsbütten als auch Maschinenpapier eine eindeutige Laufrichtung auf. Sie entsteht dadurch, dass
die Zellstofffasern gedehnt und aneinander gedrückt werden, wenn sie
sich auf dem beweglichen Sieb der Papiermaschine verteilen. Entsprechend
dem Faserverlauf unterscheidet man Schmalbahn (in Längsrichtung) und
Breitbahn (in Querrichtung).

Man kann die Faserrichtung feststellen, indem man den Bogen an der
Schmalseite hochhebt und vorsichtig biegt, ohne dabei das Papier zu knicken. Dann versucht man dasselbe von der Längsseite aus. Diejenige Seite,
die am wenigsten Widerstand bietet, folgt der Laufrichtung des Bogens.
Für die Herstellung von Büchern beispielsweise ist es wichtig zu wissen,
welche Laufrichtung das Papier hat, da diese immer parallel zum Buchrücken verlaufen muss. Auch wenn man Drucke in Röhren verschicken
will, ist dies ein wichtiger Aspekt (siehe Kapitel 7).

Oben: Das Reißen von Papier. Man
reißt es immer von hinten nach vorn.

Links: Laufrichtung. In Laufrichtung
lässt sich Papier sehr leicht falten und
biegen, etwa bei dem Bogen rechts
im Bild. Der Bogen links im Bild wird
gegen die Faserrichtung gebogen.

Der Umgang mit Papier

Beim Umgang mit Papier ist immer darauf zu achten, dass der Bogen nicht geknickt wird. Das passiert nämlich vor allem bei großen Formaten sehr schnell. Insbesondere bei einfarbigen Drucken sind Knicke deutlich sichtbar. Der Trick beim Umgang mit großen Einzelbogen besteht darin, unter dem Papier eine Art Luftkissen zu bilden, auf dem es sozusagen schweben kann. Feuchtes Papier fasst man am besten an zwei gegenüber liegenden Ecken an, hebt es vorsichtig an und lässt den mittleren Teil des Bogens durch sein Eigengewicht vorsichtig durchhängen. So kann man den Bogen kurze Strecken transportieren, ohne ihn zu knicken. Will man einen ganzen Packen Bogen bewegen, achtet man auf die Laufrichtung, zieht den Packen über die Kante des Arbeitstischs und greift ihn in der Mitte der Schmalseiten, so dass er nach beiden Seiten durchhängt. Geht man dabei sehr vorsichtig vor (siehe Abbildung), dürften dabei keine Knicke entstehen.

Oben: Handhabung von Papier. Große Bogen werden vorsichtig an zwei gegenüberliegenden Ecken angefasst, damit sie nicht knicken.

Rechts: Packen großer Papierbogen trägt man am besten wie hier gezeigt, dabei soll die Laufrichtung von rechts nach links verlaufen.

6. DER DRUCKVORGANG

Dieses Kapitel beschreibt das Anmischen der Druckfarbe, die Druck-vorbereitung, Einrichtung, den Druck, gängige Probleme und ihre Lösung, die Reinigung des Siebs sowie Einzeldrucke mit Druck- und Wasserfarbe.

Wasserlösliche Siebdruckfarbe ist naturgemäß preiswerter im Gebrauch als die älteren Lösungsmittelprodukte. Vor allem die Reinigung des Siebs mit Wasser rechnet sich. Obendrein spart man auch Geld, weil man nicht so viele Lappen benötigt. Meist kann man die Siebe nämlich einfach in einer Spüle mit Wasser abwaschen oder mit einem Schwamm abwischen, der dabei häufig ausgespült wird. Weitere Einsparungen können dadurch erzielt werden, dass die Druckfarbe mit Umsicht behandelt und eine vernünftige Vorratshaltung praktiziert wird.

Anmischen der Druckfarbe

Da der Hauptbestandteil wasserlöslicher Farben Wasser ist, müssen alle benutzten Gefäße wasserfest sein und dürfen nicht aus Metall bestehen. Ideal sind Plastikbecher oder Joghurtbehälter, vorzugsweise mit fest schließendem Plastikdeckel. Die meisten wasserlöslichen Farben sind in luftdicht verschlossenen Behältern recht lange haltbar. An der Luft bildet sich bei allen eine Haut, sie dicken ein. Palettmesser aus Kunststoff sind vorzuziehen, da Metallmesser zum Rostansatz neigen.

Das Verhältnis Bindemittel/ Pigment ist je nach Farbsorte verschieden. Generell gilt: Da das Siebgewebe im Vergleich zur Arbeit mit Lösungsmittelfarben feiner ist, lässt es auch nur geringere Farbmengen passieren. Deshalb wird für dieselbe Fläche entsprechend weniger Farbe benötigt. Das meiste Geld sparen wir an der University of the West of England dadurch, dass wir kleinere

Bei Verwendung kleiner Farbmisch-becher spart man Farbe.

Farbmischbecher verwenden. Seit die Studenten nur noch jeweils Mengen von max. 220 ml anmischen dürfen, haben sich die Kosten für Druckfarben im Vergleich zu früher, als ihnen größere Behälter gestattet waren, fast halbiert. Die Kosten für die kleinen Deckelbecher werden im Laufe eines Jahres durch die Einsparungen bei den Farben bei weitem wettgemacht.

Merkwürdigerweise ist Wasser das einzige, was man zum Anmischen wasserlöslicher Farben nicht benötigt. Falls Druckfarben verdünnt werden müssen, empfehle ich immer, das vom Hersteller angegebene Verzögerungsmittel auszuprobieren, doch bei den meisten wasserlöslichen Farben erübrigt sich ein Verdünnen vor dem Drucken ohnehin. Das Problematische an Wasser ist der Bakteriengehalt. Wird abgestandenes, verkeimtes Wasser zum Mischen verwendet, lässt es die Farbe gerinnen. Auch Palettmesser und dergleichen sollte man möglichst immer unter fließendem Wasser säubern, nicht in einem Eimer mit abgestandenem Wasser. Ebenso sollten Schwämme und Eimer häufig gereinigt werden. Schwämme lässt man über Nacht trocknen, statt sie im nassen Eimer zu belassen. Die Eimer abends ausleeren und trocknen lassen.

Einrichtung

In der Industrie wird dieser Vorgang als »Zurichten« oder »Druckfertig machen« bezeichnet und erfolgt nach festem Schema. Es geht dabei darum, das Sieb und die Druckunterlage mit dem Bedruckstoff so einzurichten, dass jede Farbe im Verhältnis zu den Papierkanten und den vorhergehenden Farben richtig aufgedruckt wird. Auch für den Kunstdrucker empfiehlt es sich, diesem Schema zu folgen. Oft werde ich gefragt: »Lohnt sich der Aufwand denn für ein paar einzelne Drucke?« Die Antwort lautet: »Ja«.

Registerbogen
Dabei handelt es sich um einen Bogen des vorgesehenen Bedruckstoffs (Papiers), mit dem folgendes festgelegt wird:

Wohin soll das Motiv gedruckt werden?
Die einfachste Lösung besteht darin, das Filmpositiv oder den vorgesehenen Reprofilm in der richtigen Position auf dem Registerbogen anzubringen. Nun kann man diese Vorlage passergenau mit der Schablone auf dem Sieb einrichten.

Um sicher zu stellen, dass in der ganzen Auflage alles an die richtigen Stelle gedruckt wird, kopiere ich oft die Konturenzeichnung für mein Bild (siehe Kapitel 2) auf ein Blatt derselben Papiersorte, die ich zum Drucken verwenden will. Anschließend richte ich dieses Blatt mit dem Registerbogen aus und mache mit einer Stecknadel Einstiche an Stellen, die besonders passergenau eingerichtet werden müssen. Diese Punkte werden dann auf den Registerbogen übertragen.

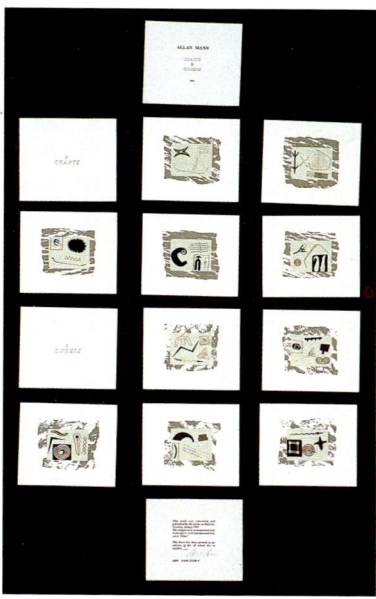

Charts and Ciphers von Allan Mann, Australien. Sieb- und Buchdruck, lose Buch-
seiten, gedruckt auf Fabriano 5, 18 x 21 cm, 1994.

Wohin gehören die Anlegemarken?
Die Anlege- oder Passermarken sollen sicherstellen, dass das Bild auf jedem
Bogen an die gleiche Stelle gedruckt wird und dass der Bogen mit der jeweils folgenden Schablone für die nächste Farbe ausgerichtet werden kann.
Die Festlegung der Anlegemarken unterliegt normalerweise festen Regeln
(siehe unten), doch in manchen Fällen muss die Position der Marken
entsprechend dem Entwurf bestimmt werden, etwa wenn das Druckbild
lange, dünne Farbstreifen oder lange Schriftzeilen aufweist.

Rakelzug
Ist eine sehr exakte Registrierung erforderlich oder ist eine Richtungsände-
rung vorgesehen, muss auch die Richtung des Rakelzugs auf dem Registerbogen eingezeichnet werden. Die Rakel sollte immer zu der Kante hin
gezogen werden, an der die Anlegemarken liegen.

Prüfung des Drucktischs
Im Folgenden geht es speziell um Handdrucktische mit Vakuumpumpe
(siehe Kapitel über Ateliereinrichtung), doch gelten die Empfehlungen generell für den Siebdruck.

Vor dem Einsetzen des Siebs muss sichergestellt werden, dass das Vakuumbett fest verankert ist. Prüfen Sie, ob die Schablone entsprechend dem
Registerbogen seitenrichtig liegt und dieser die Öffnungen im Vakuumbett
abdeckt. Nun wird das Sieb fest eingesetzt, damit es sich beim Drucken

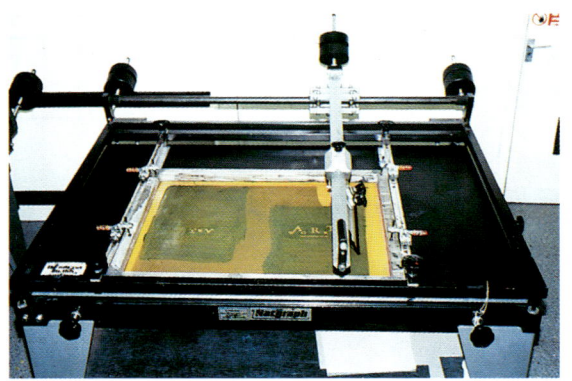

Vakuumbett mit Einarmrakel. Die Rakel ist in Betriebs-
stellung, doch Sieb und Platte sind hier noch nicht
druckbereit.

»Absprung« nennt man
den Abstand zwischen
der Oberfläche des Va-
kuumbetts und dem Sieb-
rahmen. Die Höhe kann
eingestellt werden.

nicht verschiebt und die Passergenauigkeit stört (siehe Abbildung eines
Vakuumtischs auf Seite 91).

Nun wird die Absprunghöhe eingestellt. Gemeint ist damit der Abstand
zwischen der Unterseite des Siebs und der Oberfläche des Drucks. Diese
Distanz richtet sich u.a. nach der Art der Darstellung, der Gewebespannung,
der Schärfe des Rakelblatts und der Beschaffenheit der Papieroberfläche.
All das ist im Wesentlichen Geschmacks- und Gewohnheitssache.

Für eine Raster- oder Detaildarstellung ist der Absprung normalerweise
klein (2-4 mm), bei großen einfarbigen Flächen meist höher (5-10 mm),
um die Oberflächenspannung beim Drucken zu unterbrechen.

Je straffer die Gewebespannung oder je schärfer das Rakelblatt, desto
geringer der Absprung.

Einrichten des Registerbogens

Sobald das Sieb fest eingesetzt ist, wird der Registerbogen nach einer der
folgenden Methoden auf dem Vakuumbett eingerichtet. Üblicherweise wird
die Vorlage, nach der die Schablone erstellt wurde, auf dem Drucktisch
befestigt und durch das Sieb hindurch mit der Schablone in Einklang ge-
bracht, damit die Registrierung möglichst akkurat wird (siehe Abbildungen
auf Seite 75). Am einfachsten ist es, ein Lineal am Bogen zu befestigen,
denn so kann man die Vorlage hin- und herschieben und dabei durch das
Gewebe hindurch verfolgen, bis Sieb und Vorlage passergenau übereinander
liegen. Nun wird die Vakuumpumpe eingeschaltet und der Registerbogen
mit Azetat- oder PVC-Streifen, so genannten Passer- oder Anlegemarken,
eingerichtet. Zu bedenken ist dabei jedoch, dass sich manchmal, obwohl
Sieb und Vorlage exakt ausgerichtet erscheinen, die Gaze beim Drucken
durch den Rakeldruck so stark dehnt, dass der Druck nicht genau an der

Oben: Registrierung durch das Sieb hindurch mit Hilfe eines Lineals, das am Registerbogen befestigt ist.

Oben rechts: Registrierung mit Hilfe von Azetatfolie

Rechts: Fixieren der Anlegemarken aus Weich-PVC mit doppelseitigem Klebeband.

gewünschten Stelle erfolgt. Bei feinen Detaildrucken oder Arbeiten, bei denen es auf exakte Passergenauigkeit ankommt, muss dieser Umstand berücksichtigt werden.

Alternativ kann man auch den Registerbogen in ungefähr richtiger Position auf die Platte des Drucktischs legen und mit Klebeband transparente Folie straff darüber befestigen (siehe Abbildung oben). Die Azetat- oder PVC-Folie muss sauber, glatt, unbeschriftet und größer als der zu druckende Bereich sein. Beim folgenden Probedruck wird ausschließlich die Folie bedruckt. Nach dem Probedruck wird der Registerbogen unter der Folie ausgerichtet, bis das Motiv passergenau erscheint. Nun werden die Anlegemarken festgeklebt (siehe unten)und die Folie entfernt. Diese Art der Registrierung ist die exakteste, ihr Nachteil ist jedoch, dass man den Druck einrichten muss, so lange das Sieb noch mit feuchter Farbe getränkt ist und allmählich trocknet. Bei Acrylfarben wie Daler Rowney und Lascaux ist das kein Problem, bei anderen Marken aber durchaus, so dass das Sieb möglicherweise zwischendurch gereinigt werden muss.

Anbringen der Anlegemarken

Dies ist für eine exakte Registrierung der wichtigste Arbeitsgang. Die Anlegemarken sollten möglichst aus Weich-PVC bestehen und an der Rückseite mit doppelseitigem Klebeband versehen sein. Azetat oder andere Kunststoffe eignen sich ebenfalls, doch gerade PVC ist am ehesten in der Lage, ein Zusammenbrechen der Schablone bei größeren Auflagen zu verhüten. Notfalls kann Abdeckband oder Karton verwendet werden, doch diese Materialien nutzen rasch ab und werden bei größeren Auflagen bald ungenau. Zunächst wird der Registerbogen auf der Druckplatte befestigt. Nun klebt man auf die Platte zwei rund 4 x 2 cm große Anlegemarken im rechten Winkel zu einander in die rechte oder linke vordere Ecke, je nachdem, ob der Drucker Rechts- oder Linkshänder ist (siehe Abbildung auf S. 75). Die dritte Anlegemarke wird am anderen Ende der Vorderkante angebracht. Beim Drucken wird jeder Bogen an diese drei Markierungen heran geschoben, so dass das Bild jeweils exakt an dieselbe Stelle auf dem Papier gedruckt wird. Einige Experten empfehlen, die dritte Passermarke solle nicht am Ende, sondern nach zwei Dritteln der Vorderkante angesetzt werden, doch das ist nur dann sinnvoll, wenn die Marke garantiert bei jedem Druck an derselben Stelle sitzt oder man sicher ist, dass die Bögen exakt beschnitten sind. Klebt man die dritte Anlegemarke dagegen am Ende der Seite auf, ist garantiert, dass sie stets an derselben Stelle sitzt und die Registrierung exakt bleibt. Die Ausrichtung des Drucks und die Druckfolge sollten möglichst so festgelegt werden, dass die Vorderkante zugleich die Längsseite des Bogens ist, denn auch dies trägt zur Passergenauigkeit bei. Achten Sie bei jedem Durchgang darauf, dass das Papier akkurat an den Passermarken anliegt, da sonst die ganze Mühe umsonst ist.

Abdecken und Prüfen

Bei Benutzung eines Vakuumtischs müssen alle Öffnungen, die nicht vom Druckbogen überdeckt sind, abgeklebt werden. Das ist wichtig, da sonst nicht genug Unterdruck erzeugt werden kann, um den Bogen beim Drucken anzusaugen, und die Vakuumpumpe ihren Zweck verfehlt. Ein ausreichendes Vakuum kann viele Probleme beim Drucken verhüten. So lassen sich Fehler wie Durchsickern der Farbe oder unsaubere Ränder, die durch die Oberflächenspannung der Farbe entstehen, auf eine zu geringe Haftung des Bogens am Vakuumbett zurückführen. Wenn ich Auflagen von mehr als 50 Stück drucke, achte ich stets darauf, dass das Abdeckpapier im Abstand von rund einem Zentimeter rings um das Druckpapier gut auf der Druckplatte befestigt ist. So kann die ganze Auflage gedruckt werden, ohne das Abdeckpapier versehentlich zu zerreißen oder erneuern zu müssen bzw. ständig das Vakuum zu justieren.

Abdecken des Vakuumbetts. Alle Öffnungen sind mit Zeitungspapier abgedeckt, so dass rings um den Druckbogen nur 1 cm Platz bleibt.

Abkleben des Siebs

Wurde das Sieb mit mehreren gleichzeitig belichteten Schablonen versehen, müssen die gerade nicht benötigten Schablonenteile vorübergehend abgedeckt werden, damit an diesen Stellen beim Drucken keine Farbe durchsickern kann. Normalerweise verwendet man dazu Kunststoff-Packband (siehe Kapitel 3). Ist der sicher abzudeckende Schablonenteil bereits gedruckt und wird nicht mehr benötigt, kann man ihn auch mit Siebfüller überdecken.

Die Rakel

Die Hauptfunktion der Rakel liegt darin, die Druckfarbe in einer gleichmäßigen Schicht über die ganze Fläche der Schablone durch das Siebgewebe zu pressen.

Dazu muss das Rakelblatt unbedingt scharf und absolut gerade sein. Es darf keinerlei Risse oder Kerben aufweisen, da diese Streifen im Druckbild hinterlassen würden. Es darf sich auch nicht wellen, was dann passiert, wenn es nicht richtig im Handgriff befestigt ist. Das Blatt muss stets eine scharfe Kante aufweisen und darf an keiner Stelle gerundet sein.

Handrakeln bestehen üblicherweise aus Holz oder Metall, und welches Material man bevorzugt, ist eine Frage des persönlichen Geschmacks. Das Blatt dagegen ist viel wichtiger. In der Druckindustrie haben sich Rakelblätter in den letzten zehn Jahren stark verändert, fast alle werden heute aus Urethan hergestellt und entsprechend ihrer Härte unterschiedlich eingefärbt. Diese Härte wird mit einem Härteprüfungsgerät gemessen und in Shore angegeben. Für den Siebdruck reicht die Skala von den weichsten Blättern mit 55 bis 60 Shore bis zu den härtesten mit 97 bis 99 Shore. Für den künstlerischen Siebdruck werden üblicherweise die grünen Rakelblätter mit einem Härtegrad von 70 bis 75 Shore verwendet.

Rakelblätter gibt es mit unterschiedlichen Profilen und in mehreren

Oben: Eine typische Handrakel.

Links: Rakelblätter unterschiedlicher Härte.

Typen. Kunstschaffende bevorzugen meist das rechteckige Profil, wobei man wiederum verschiedene Sorten unterscheidet, darunter »double shore« und »triple shore«, die aus unterschiedlich harten Schichten bestehen, also z.B. harte Blätter mit weicheren Kernen. Diese Blätter sind eigentlich für spezielle industrielle Zwecke vorgesehen, doch kann ein etwas ungeschickter Künstler, dem es schwer fällt, den Rakeldruck auf größeren Flächen gleichmäßig zu halten, durchaus von einem Triple-shore-Rakelblatt mit Nylonkern und weicheren Kanten profitieren.

Drucken

Der Registerbogen wird entfernt und an seine Stelle ein Bogen des Druck-papiers auf den Vakuumtisch gelegt. Die Vakuumpumpe wird eingeschaltet und das Sieb abgesenkt. Denken Sie daran, dass der erste Bogen, den Sie drucken, nie die gleiche Farbe oder Dichte aufweist wie die nachfolgenden.

Einen rund 2,5 cm breiten Streifen Druckfarbe großzügig am vorderen Rand der Schablone auftragen, so dass er an beiden Seiten über die Schab-lone hinaus reicht. Mit einem Rakelstrich vom Körper weg die Farbe auf dem Sieb verteilen, ohne dass das Gewebe das Druckpapier berührt. Bei diesem Vorrakeln oder Hinstrich des Siebs führt man die Rakel im flachen Winkel unter geringem Druck über das Gewebe, so dass dieses mit einer satten Farbschicht überzogen wird. Winkel und Druck sind abhängig vom verwendeten Farbtyp. Denken Sie daran, dass diese Farbschicht für den anschließenden Druckvorgang bestimmend ist. Beim Rückstrich wird die Farbschicht dann vom Sieb an das Papier abgegeben, was besonders beim Irisdruck mit mehreren Farben bedacht werden muss. Beim Vorrakeln soll eine gleichmäßige Schicht auf dem Gewebe erzeugt werden, die dann ebenso gleichmäßig auf das Papier übertragen werden kann.

Eine der wichtigsten Voraussetzungen für einen gelungenen Druck ist folgendes: So, wie Sie jetzt die Farbe auf dem Sieb sehen, wird sie später auf dem Papier erscheinen. Entdecken Sie jetzt Fehler, führen Sie den Druck gar nicht erst aus, denn Sie müssten den Bogen sonst ohnehin verwerfen.

Nach dem Vorrakeln wird die Rakel hinter der Farbfläche angesetzt. Mit beiden Händen fasst man den Griff so, dass der Abstand von jeder Hand zur Außenkante etwa halb so groß ist wie der Abstand zwischen den Hän-den. Die Finger werden auf der Rückseite des Griffs oberhalb des Blatts ge-spreizt. Nun drücken Sie die Rakel an und ziehen sie in einem Winkel von etwa 60° zu sich hin, wobei der Druck durch Ihre Arme und Finger vermit-telt werden soll. Die Daumen helfen, den korrekten Winkel beizubehalten. Wenden Sie nicht zu viel Kraft auf, denn wenn das Blatt sich biegt, sickert die Farbe an den Schablonenrändern aus. Nur an einer einzigen Stelle sollen Blattkante, Gewebe und Papier miteinander in Kontakt kommen. Ziehen Sie die Rakel über den Schablonenrand hinaus zu sich hin, doch nicht ganz bis an den Rahmen heran, da die Farbe sich dort sammeln und die spätere

1. Auftragen der Farbe.

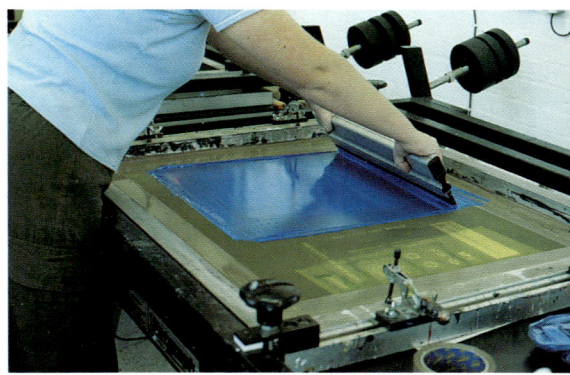

2. Drucken: Beginn des Rückstrichs.

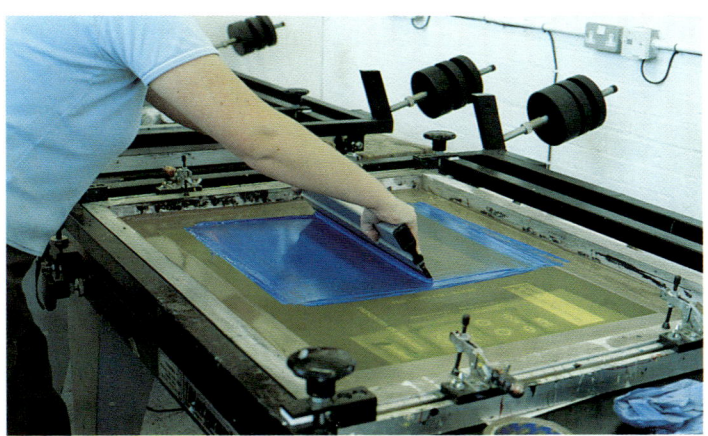

3. Drucken: Der Winkel des Rakelblatts darf beim Drucken keinesfalls verändert werden.

4. Abschluss des Rakelzugs.

5. Auffrischen der Farbe nach dem Drucken, erneuter Hinstrich.

Reinigung erschweren würde. Wenn der Rückstrich abgeschlossen ist, schieben Sie die Rakel etwas von sich weg, damit die Farbschicht sauber begrenzt ist, heben Sie sie hoch und über die Farbschicht hinweg. Haben Sie zuvor die Farbe zurückgeschoben, lässt sich die Rakel ohne zu tropfen sauber abheben. Die Rakel in demselben Winkel wie beim Drucken (60°) so vor die Farbschicht legen, dass die Oberkante des Griffs zu Ihnen zeigt, erneut vorrakeln, ohne die Farbe zu nah an den Rand des Rahmens zu führen. Die Rakel etwas von der Farbe wegziehen, anheben und an der Rückseite des Siebrahmens ablegen. Manche Drucker legen die Rakel beim zweiten Vorrakeln um, doch dabei werden beide Seiten des Rakelblatts mit Farbe überzogen, was beim Drucken größerer Auflagen Probleme bereiten kann. Bei der oben beschriebenen Methode wird nur die Vorderkante des Rakelblatts benetzt, so dass die Farbschicht auf dem Blatt ständig aufgefrischt wird.

Heben Sie das Sieb an und nehmen Sie das erste Druckblatt heraus, um es zu begutachten. Prüfen Sie Passergenauigkeit, Farbe und eventuelle Fehler wie verlaufene Ränder oder Nadellöcher. Macht der Bogen einen guten Eindruck, legt oder hängt man ihn in ein Trockengestell und wiederholt den ganzen Vorgang für den nächsten Druck. Bei größeren Auflagen oder schnell trocknenden Farben empfiehlt es sich, jemanden um Hilfe beim Ablegen der Bogen zu bitten.

Fehlerbeseitigung

Das häufigste Problem ist das Durchsickern der Farbe an den Schablonenrändern. Dazu kommt es, wenn die Oberflächenspannung im Farbstreifen beim Drucken unterbrochen wird. Ideal ist ein minimaler Kontakt in Form eines einzigen Farbstreifens an der Stelle, wo sich Rakel, Gewebe und Papier berühren. Ist die Oberflächenspannung unterbrochen, kann die Farbe unter dem Schablonenrand austreten, die Ränder verlaufen und werden unscharf. Die häufigsten Ursachen sind:

Gewebespannung zu schwach. Die Fläche, auf der Sieb und Papier in Kontakt stehen, ist zu groß, so dass die Farbe durchschlagen kann. Ist die Spannung nur ein wenig zu schwach, reicht es meist, die Absprunghöhe zu vergrößern, so dass das Sieb straffer gespannt ist. Dabei kann allerdings die Passergenauigkeit verloren gehen. Hängt das Gewebe stark durch, hilft alles nichts, und man muss eine neue Schablone auf einem straffen Sieb anfertigen.

Rakelblatt zu stumpf. Eine stumpfe Blattkante kann dazu führen, dass die Rakel eine zu große Fläche berührt. Beheben lässt sich dies durch Nachschärfen des Blatts.

Unterdruck zu schwach. Ein zu schwaches Vakuum hat zur Folge, dass das Papier kurzfristig am Sieb haftet. Beheben lässt sich dies durch sorgfältiges Abdecken aller Öffnungen im Vakuumbett außerhalb der Papierränder.

Farbe zu dünnflüssig. Ist die Farbe zu dünn, bleibt sie nicht an der Oberfläche, sondern sickert durch das Gewebe. Beheben lässt sich dies durch erneutes Anmischen einer dickflüssigeren Farbe; man kann auch abwarten, bis die Farbe ein wenig im Sieb eingetrocknet ist.

Papierstaub oder eingetrocknete Farbe. Ist die Farbe mehrmals durchgeschlagen, können sich auf der Siebrückseite an den Schablonenrändern Farbreste absetzen. Diese können ihrerseits ein Durchschlagen der Farbe zur Folge haben, da der Kontakt zwischen Sieb und Papier nicht in Ordnung ist. Das Gleiche kann bei sehr großen Auflagen passieren, wenn sich an der Rückseite des Siebs Papierstaub ablagert. Am ausgeprägtesten ist dieser Effekt bei sehr weichem Papier. Beheben lässt sich das Problem durch sorgfältiges Säubern und Trocknen der Schablone auf der Siebrückseite.

Zu großer Kraftaufwand. Dabei biegt sich das Rakelblatt durch, die Kontaktfläche zwischen Sieb und Papier ist zu groß, so dass die Farbe durch das Gewebe dringt (siehe Seite 79). Beheben lässt sich das Problem, indem man den Rakeldruck verringert; druckt dann das Bild nicht vollständig, reduziert man die Absprunghöhe oder verwendet eine härtere Rakel.

Absprung zu gering. In seltenen Fällen kann auch das zu einem Durchschlagen der Farbe führen, wenn das Sieb nämlich das Papier fast berührt und zu wenig Platz hat, um sich nach dem Druck wieder abzulösen. Beheben lässt sich das Problem durch Vergrößern der Absprunghöhe.

Vergrößerung des Rakelwinkels am Ende des Rückstrichs. Das passiert automatisch, wenn man die Rakel beim Drucken zu sich heranzieht. Wird der Winkel allzu steil, kann Farbe unter den vorderen Rand der Schablone sickern. Beheben lässt sich das Problem, indem man sich beim Drucken auf den richtigen Rakelwinkel konzentriert.

Ein anderes Problem, das oft auftritt, wenn man große einfarbige Flächen druckt, ist ein umgekehrt U-förmiger Strich mit kleinen Luftblasen an den Rändern. Hervorgerufen wird dies dadurch, dass die Kontaktfläche zwischen Papier und Sieb zu groß ist. Mehrere Faktoren spielen dabei eine Rolle:

Farbe zu dickflüssig. Dadurch bleibt das Papier an der Unterseite des Siebs haften. Zur Abhilfe muss man die Farbe dünnflüssiger anmischen.

Gewebespannung zu schwach. Wie oben. Beheben lässt sich das Problem durch Vergrößern der Absprunghöhe.

Unterdruck zu schwach. Dies bewirkt, dass das Papier beim Drucken angezogen wird und an der Unterseite des Siebs haften bleibt. Die Folge ist, dass der Bogen beim Zurückfallen Passerdifferenzen aufweist. Beheben lässt sich das Problem, indem man sicherstellt, dass alle Öffnungen im Vakuumbett abgedeckt sind. Hilft das nicht, muss geprüft werden, ob die Öffnungen möglicherweise verstopft sind.

Ungleichmäßige Streifenbildung in einer Farbfläche. Dies kann vorkommen, wenn ein Rakelblatt nicht vollständig glatt ist. Bei visueller Inspektion sieht man meist, ob dies der Fall ist, und tauscht das Blatt ggf. aus. Wird das Bild teilweise oder an den Rändern nicht gedruckt, kann dies viele Ursachen haben. Die Erfahrung zeigt, dass die meisten einfach zu ermitteln sind.

Absprung zu groß. Das sieht man daran, dass die Enden des Rakelblatts das Papier nicht berühren können, so dass nur die Mitte des Bildes in Richtung des Rakelzugs gedruckt wird. Abhilfe schafft eine Verkleinerung der Absprunghöhe.

Schablone ist eingetrocknet. Bei mehreren aufeinander folgenden Drucken trocknet das Bild allmählich von außen nach innen ein, meist weil das Drucken zu viel Zeit in Anspruch nimmt. Zur Behebung des Problems muss man entweder schneller arbeiten oder zwischendurch das Sieb reinigen und neu beginnen. Manchmal genügt bereits eine dick aufgetragene neue Farbschicht, um das Sieb wieder zu öffnen, doch in den meisten Fällen empfiehlt es sich, es zu reinigen.

Schablone ist verstopft. Das kann vorkommen, wenn das Sieb nicht ordentlich gereinigt wurde und das Gewebe noch eingetrocknete alte Farbrückstände enthält oder die Emulsionsschicht nicht vollständig entfernt wurde. Meist erkennt man das daran, dass die Ränder des Bildes nicht gedruckt werden. Abhilfe schafft nur eine gründliche Reinigung des Siebs. Anschließend muss geprüft werden, ob die Rückstände verschwunden sind, sonst muss die Schablone komplett erneuert werden.

Oben: Reinigung des Siebs mit einem Plastikmesser.

Rechts: Abspülen der Farbe nach dem Drucken mit dem Wasserschlauch.

Reinigung des Siebs

Für die Entfernung der Farbe aus dem Sieb nach dem Drucken gibt es im
Wesentlichen zwei Verfahren. Sie unterscheiden sich je nach Werkstatt und
Arbeitsmethoden. Die eine eignet sich vor allem für Gemeinschaftswerk-
stätten, die andere für den einzelnen Künstler.

Siebreinigung im Gemeinschaftsatelier

In einer Gemeinschaftswerkstatt werden die Siebe oft mehrmals täglich
aufbereitet, weil Zustand und Sauberkeit des Siebs von höchster Bedeutung
sind. Deshalb empfiehlt sich, die überschüssige Farbe mit einem Plastikmesser abzukratzen (es muss unbedingt Kunststoff sein, Metall würde das
Gewebe beschädigen) und in den Behälter zurückzugeben. Anschließend
wird das Sieb komplett aus dem Rahmen herausgenommen, in die Wasch-
kabine gestellt, mit einem weichen Wasserstrahl mit normalem Leitungsdruck abgespült und anschließend getrocknet.

Der Vorteil dabei ist, dass keine Lappen benötigt werden und die Siebe
wenig verfärben, weil die Farbrückstände gründlich und schnell ausgewaschen werden. Aus demselben Grund können sich die Siebe nicht zusetzen.

Die Nachteile dieses Verfahrens bestehen darin, dass man nicht ohne
weiteres die Farbe wechseln kann, wenn man einen falschen Farbton angemischt hat, sondern jedes Mal das Sieb waschen, trocknen und neu einrichten muss. Verwendet man für mehrere Schablonen auf demselben Sieb
das gleiche Register, kann es recht lästig sein, das Sieb jedes Mal wieder
trocknen und einrichten zu müssen.

Siebreinigung im Einzelatelier

Bevor ich mich für eine Farbe entscheide, mache ich gern fünf oder sechs
Probeabzüge; ich habe in meiner Werkstatt aber leider kein fließendes
Wasser. Deshalb ist es für mich sinnvoller, das Register zu belassen und das
Sieb an Ort und Stelle zu reinigen. Dazu reichen ein Eimer Wasser und ein
Schwamm. Damit das Wasser nicht verkeimt, sollte es regelmäßig erneuert
werden. Ich reinige meine Siebe mit einem milden Haushaltsreiniger. Sinn
und Zweck des Reinigungsmittels ist es, Wechselwirkungen der Farbe mit
der sauren Direktemulsion auf dem Sieb zu verhindern, die zu einem vor-
zeitigen Aushärten der Farbschicht führen können.

Die Vorteile meiner Methode sind, dass es nicht unbedingt erforderlich
ist, fließendes Wasser zur Hand zu haben, und dass man das Sieb nicht bei
jedem Farbwechsel aus dem Register zu nehmen braucht. Die Nachteile:
Werden die Siebe nicht sorgfältig gesäubert, können sie sich rasch verfärben oder zusetzen. Die Verwendung von Haushaltsreiniger erfordert eine
gewisse Umsicht, zudem sind die Kosten höher, als wenn man nur Wasser
verwendet, wenn auch nur geringfügig. Nach meiner Schätzung ergeben
die zusätzlichen Kosten pro Auflage rund 9,50 Euro.

Einzeldrucke (Monoprint)

Bei dieser Technik wird die Farbe ohne Schablone direkt auf das Sieb aufgetragen, so dass das Ergebnis ausgesprochen spontan wirkt. Viele Künstler ziehen diese Methode den üblichen Druckverfahren vor, weil sie die damit erzielbaren malerischen Effekte interessanter finden.

Man unterscheidet zwei Arten von Einzeldrucken. Zum einen kann direkt auf das Sieb gemalt und anschließend mit der Rakel gedruckt werden, zum anderen aber auch mit Gouache oder Aquarell auf das Sieb gemalt und dieses vor dem Drucken getrocknet werden.

Direkt auf das Sieb malen

Diese Methode eignet sich meist am besten, um Anfängerinnen oder Anfängern rasch Zugang zum Siebdruckverfahren zu verschaffen und ist zugleich eine sinnvolle Art, überschüssige Druckfarbe aufzubrauchen. Acryl-Künstlerfarben mit Siebdruck-Bindemittel (Daler Rowney, Lascaux, Golden usw.) sind am besten geeignet. Diese Farben trocknen langsam auf dem Sieb und können durch Zugabe von etwas mehr Bindemittel noch weiter verzögert werden, so dass man etwa eine Stunde Zeit hat, das Sieb zu bemalen. Verwendet man dagegen eine Industriefarbe wie Marler oder TW Graphics, muss der Einzeldruck innerhalb von Minuten fertig sein.

Man benötigt nur einige Druckfarben und eine Auswahl an Pinseln. Zunächst wird ringsum eine großzügige Fläche abgeklebt. Wie bei jedem anderen Siebdruck ist auch hier ein mindestens 12,5 cm breiter Rand erforderlich. Das Sieb über der Tischplatte ein wenig aufbocken. Das Motiv kann, falls nötig, zunächst mit Bleistift auf das Gewebe vorgezeichnet werden, doch sieht man sie später im Druckbild. Dazu muss ein weicher Stift (mindestens 2B) verwendet werden, da ein harter Bleistift die Gaze beschädigt. Man kann auch eine Zeichnung oder ein Foto als Vorlage unter das Sieb legen, jedoch ohne dass diese das Sieb beim Malen berührt. Malen Sie das Bild auf die Rückseite des Siebs. Denken Sie dabei daran, dass die erste

Bei diesem Einzeldruck wird die Druckfarbe unmittelbar auf das Sieb aufgetragen und vor dem Antrocknen verdruckt.

Hier wird ein Einzeldruck mit Aquarellfarbe gemalt. Vor dem Drucken lässt man das Sieb trocknen.

Cherry Pie von Libby Lloyd, GB. Einzeldruck mit Siebdruckfarbe, 30 x 30 cm, 1997.
Mit freundlicher Genehmigung der Künstlerin.

Farbe, die Sie auftragen, später dominant sein wird, auch wenn sie mit einer
anderen Farbe überdruckt wird. Es stört nicht, wenn sich eine relativ dicke
Farbschicht bildet, solange die gesamte druckbare Fläche des Siebs bedeckt
ist (so verhütet man ein Überlaufen von Farben in unbemalte Bereiche). Soll
eine Stelle frei bleiben, füllt man sie mit transparentem Bindemittel aus.

Sobald das Bild fertig ist, wird das Sieb in den Druckrahmen eingesetzt
und ein Bogen Papier passergenau untergelegt. Viele Kunstschaffende ziehen es vor, das Sieb erst zu bemalen, wenn es bereits fest verankert und
eingerichtet ist. Ein Streifen transparentes Bindemittel wird auf der Rückseite des Siebs aufgetragen, um den Rakelzug zu unterstützen. Der erste
Druckdurchgang ist sehr kräftig gefärbt, alle weiteren Abzüge werden allmählich blasser. Viele verwenden die späteren Abzüge als Untergrund für
weitere Einzeldrucke. Selbstverständlich sollte stets direkt auf hochwertiges
Papier gedruckt werden, da man beim Einzeldruck nie vorhersagen kann,
welcher der Abzüge am besten wird.

Die meisten Kunstschaffenden werten Einzeldrucke als einmaligen Versuch, der nach einem einzigen Abzug akzeptiert oder verworfen wird. Oft kann man gerade mit einer Reihe von Durchgängen, bei denen nach und nach bestimmte Teile hinzugefügt werden, ganz unterschiedliche, hoch interessante Ergebnisse erzielen. Man kann sie zudem mit herkömmlichen Druckverfahren wie Papierschablonen, Fotos usw. kombinieren.

Einzeldrucke mit Aquarellfarbe oder Tempera

Das Schöne an dieser Methode ist, dass die Ergebnisse um so besser sind, je preiswerter die Aquarell- oder Temperafarbe ist. Außerdem hat man bei diesem Verfahren unbegrenzt Zeit für die Gestaltung des Bildes.

Zunächst überlegt man sich das Motiv und klebt ringsum einen Rand von mindestens 12,5 cm ab. Dann wird entweder eine Zeichnung unter das Sieb gelegt und danach eine Skizze angefertigt, wobei zu bedenken ist, dass jeder Bleistiftstrich im Druckbild sichtbar wird; oder man bockt das Sieb etwa 1 cm über der Vorlage auf und arbeitet nach der Zeichnung.

Man malt entweder mit Tempera oder Aquarellfarbe. Mischt man beide, ist zu beachten, dass Tempera als dickflüssigeres, opakes Malmittel

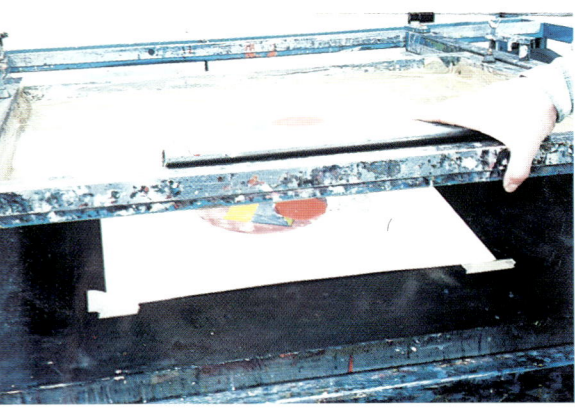

Drucken eines Einzeldrucks mit Aquarellfarbe.

dazu neigt, das Sieb zu verstopfen. Aquarellfarben ergeben eher einen transparenten Effekt. Wie bei der herkömmlichen Aquarellmalerei kann man entweder Nass in Nass arbeiten oder Lasurschichten aufbauen, die jeweils zwischen den Arbeitsgängen getrocknet werden, möglichst mit einem Föhn auf niedrigster Temperaturstufe. Das Sieb wird schnell überhitzt, so dass das Gewebe brüchig würde. Nach dem Malen muss das Sieb völlig trocken sein, bevor Sie mit dem Drucken beginnen können.

Wenn Sie druckbereit sind, befestigen Sie das Sieb im Druckrahmen und passen den Druckbogen auf dem Vakuumbett ein. Denken Sie daran, dass man den Bogen bei dieser Technik oft mehrfach überdruckt und ein exaktes Register deshalb sehr wichtig ist. Einen Streifen transparentes Bindemittel auf die Vorderkante des Druckbereichs geben und

I'm sure we could find one to fit you, chickpea suggested soothingly..., von Gail Mason, GB. Aquarell-Einzeldruck, 55 x 76 cm, 1998. Mit freundlicher Genehmigung der Künstlerin.

das Sieb mit einer ausreichend dicken Schicht vorrakeln. Vor dem Drucken muss man ein wenig warten, damit sich die eingetrocknete Aquarellfarbe auf dem Sieb lösen kann. Die Wartezeit beträgt ein bis zwei Minuten, je nach Bindemittel und gewünschter Farbdichte. Sobald Sie mit dem Drucken beginnen, wird klar, wozu die Wartezeit dient. Das Ergebnis ist nämlich bestenfalls ein zarter Lavierungseffekt mit dunkleren Rändern um jede gemalte Stelle (wie beim Druck von Gail Mason, vorhergehende Seite). Manchmal ist es erforderlich, das selbe Bild mehrmals hintereinander passergenau zu drucken, bis die gewünschte Farbintensität erreicht ist. Auch wenn mehrere Abzüge gemacht werden, gilt auch hier wie bei allen Einzeldrucken, dass die folgenden Durchgänge blasser werden. Diese späteren Abzüge liefern oft gute Anhaltspunkte für den folgenden Druck oder die folgende Farbe.

Dieses Verfahren liefert zarte Bilder, die nicht nur auf dem Sieb aufgebaut werden können, sondern auch mit einer Reihe von Druckdurchgängen. Auch weiche Bleistifte, Grafitstifte, Zeichenkohle und Aquarellstifte können benutzt werden. Meiner Erfahrung nach sollten Aquarellfarben nicht mit Tempera gemischt werden, vor allem, weil sie sich unterschiedlich schnell auf dem Sieb lösen. Dabei gehen die Aquarelleffekte durch übermäßige Resorption verloren, oder man hat nicht genug Zeit, dass sich die Tempera lösen kann, um einen guten Aquarelleffekt zu erzielen.

London Jacket (Vorderseite), von Steve Mumberson, GB. Mischtechnik, natürliche Größe, 1998. Mit freundlicher Genehmigung des Künstlers.

7. ATELIER-EINRICHTUNG

Dieses Kapitel beschäftigt sich mit Geräten, Trockengestellen, Vakuum-tischen, Hochdruckreinigern und Belichtungsgeräten; außerdem mit Probeabzügen, der Gestaltung von Auflagen, dem Signieren und der Registratur von Drucken.

Arbeitsgeräte

Die simpelste Siebdruckvor-richtung besteht aus einem Holz-rahmen, der an einer Grundplatte befestigt wird, und einer Rakel (siehe Abbildung). Früher konnte man allein mit dieser Ausstattung arbeiten. Heute braucht man zudem ein einfaches Belichtungsgerät und möglichst einen Hochdruckreini-ger, wie man ihn im Heimwerker-markt bekommt. Die Siebe können im Dunkeln aufgestellt und mit einem Heizlüfter getrocknet werden. Mit einer solchen Ausrüstung lässt sich schon einiges realisieren.

Ein hölzernes Siebdruckbett ist die simpelste Vorrichtung für den Sieb-druck.

Trockenschränke

Ein weiterer Punkt bei der Verwendung von Direktemulsionen ist die Not-wendigkeit, die Siebe bei gedämpftem Licht oder im Dunkeln zu trocknen. Dies erfolgt vorzugsweise in einem Trockenschrank. Diese Vorrichtungen gibt es in vielen Varianten, wichtig ist jedoch, dass die Siebe waagerecht getrocknet werden, damit die Emulsion nicht allmählich heruntersickert und sich an einer Siebseite sammelt.

Die Hersteller der Direktemulsionen empfehlen, die Siebe mit der Schichtseite nach unten zu trocknen. Theoretisch entsteht so ein besseres Schablonenprofil, da sich auf der Gewebeseite ein dünner Überzug bildet, auf der anderen Seite jedoch eine großzügigere Schicht mit schärferen Kon-turen. In der Realität ist dies jedoch unpraktisch, denn die Emulsion bleibt auf jedem Träger kleben, auf dem das Sieb liegt. Deshalb ist es sinnvoller, die Siebe mit der Schichtseite nach oben zu trocknen.

Trockenschrank mit fünf Schubladen.
Die feuchten Siebe werden auf die
Drahtroste gelegt (Schichtseite oben).

Dieser Trockenschrank ist mit auszieh-
baren Leisten versehen, auf die man die
Siebe legt.

Der beste Trockenschrank, den ich bisher ausprobiert habe, war ein Modell von Kippax mit fünf etwa 15 cm tiefen Schubladen. Jede Schublade saß auf stabilen Laufrollen und bestand aus einem robusten Drahtgeflecht, das von einem Rand umgeben war, um den Lichteinfall bei geschlossenen Auszügen zu minimieren. Im Boden des Schranks war ein Heizlüfter angebracht, der warme Luft zirkulieren ließ, die an der Rückseite des Schranks abgeleitet wurde. Mit dieser Konstruktion konnten verschieden große Siebe gleichzeitig getrocknet werden.

Eine Alternative sind einstellbare Querleisten, auf die man die Siebrahmen legt. Sie lassen einen stärkeren Luftstrom zu, doch ist es umständlich, die Leisten jedes Mal entsprechend der Siebgröße einstellen zu müssen. Außerdem kommt es vor, dass ein Sieb von der Leiste rutscht.

Hochdruckreiniger
Ich empfehle dringend, für die Reinigung der Siebe einen Hochdruckreiniger zu verwenden. Damit lässt sich mit hohem Druck ein feiner Wasserstrahl erzeugen, der das Gewebe gründlich säubert. In den letzten fünf

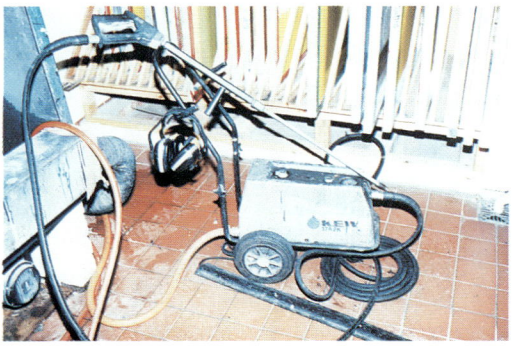

Hochdruckreiniger.

Jahren haben sich diese Geräte im häuslichen Bereich durchgesetzt und sind drastisch im Preis gefallen. Geräte mit etwa 100 bar bekommt man inzwischen für rund 160 Euro. Die Verwendung eines solchen Hochdruckgeräts erspart enorme Mengen an chemischen Reinigungsmitteln, die ansonsten nötig wären. Sobald eine Schablone gedruckt ist, müssen Farbrückstände und Emulsion mit nur wenig Siebreiniger ausgewaschen werden. Erfolgt dies möglichst bald nach dem Drucken, lässt sich so auch ein Verfärben des Gewebes verhüten. Bei der Arbeit mit Hochdruckgeräten muss eine Schutzbrille getragen werden.

Vakuumtische

Drucktische mit Vakuumpumpe gibt es in verschiedenen Ausführungen, von Handdrucktischen über Halbautomaten bis zu Synchronliftgeräten, doch bestehen auch von Land zu Land große Unterschiede. In England sind praktisch alle Handdrucktische mit verstellbaren schwimmenden Vakuumplatten ausgestattet, während diese Art in den USA eher selten ist. Meine Idealvorstellung ist ein schwimmender Vakuumtisch mit hängendem Gegengewicht und einer Klemmvorrichtung für den Rahmen. Da es über die Vor- und Nachteile von Vakuumtischen für Kunstschaffende nur wenig Publikationen gibt, sind die nachfolgenden Anmerkungen als Leitfaden für die Wahl des richtigen Gerätes gedacht. Ich gehe davon aus, dass die meisten Kunstdrucker/innen nach wie vor Handdrucktische benutzen.

Vakuumplatte

Die Oberfläche des Druckbetts sollte aus Kunststofflaminat bestehen. Die Platte sollte in Abständen von 2 bis 3 cm gelocht sein, dabei jedoch viel Platz für nicht druckende Bereiche lassen. Die Platte sollte innen eine Sandwichstruktur aufweisen, um ausreichende Stabilität und eine freie Luftpassage zu gewährleisten.

Stellen Sie sicher, dass die Platte ganz plan ist und keine Dellen an den Stellen aufweist, wo die Wabenstruktur vom Unterdruck geschwächt ist. Suchen Sie die Oberfläche nach Kratzern ab, da tiefe Risse auf leichtes Pa-

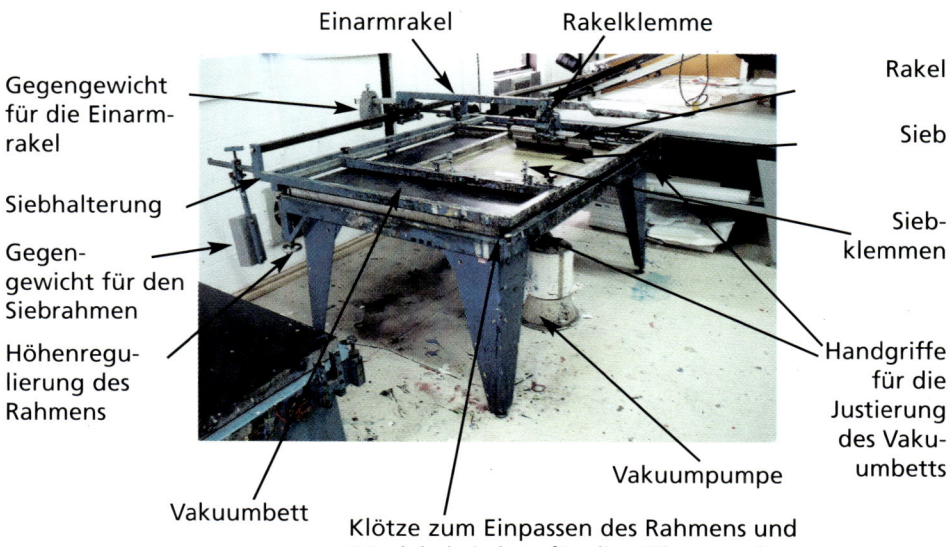

Einarmrakel · Rakelklemme

Rakel

Gegengewicht für die Einarmrakel

Sieb

Siebhalterung

Siebklemmen

Gegengewicht für den Siebrahmen

Höhenregulierung des Rahmens

Handgriffe für die Justierung des Vakuumbetts

Vakuumbett

Vakuumpumpe

Klötze zum Einpassen des Rahmens und Rändelschrauben für die Höhenregulierung

ATELIEREINRICHTUNG

pier durchschlagen. Achten Sie darauf, dass die Poren durchlässig sind. Wenn sie nachgebohrt werden müssen, sollte auf keinen Fall ein aufgeworfener Bohrrand zurückbleiben, da auch dieser bei leichtem Papier sichtbar wird.

Vakuum
Prüfen Sie den Unterdruck mit einem großen Bogen Papier, der alle Öffnungen im Siebtisch überdeckt. Die Saugkraft sollte stark genug sein, dass es bei abgesenktem Sieb schwierig ist, das Papier zu verschieben. Soll nur ein kleiner Papierbogen bedruckt werden, behält man einen starken Unterdruck dadurch bei, dass man die übrige Fläche der Druckplatte mit Papier abdeckt. Heute werden geräuscharme Vakuumpumpen angeboten.

Einrichten
Bei einem »schwimmenden« Vakuumbett sitzt die Druckplatte auf einer Reihe von Auflagen über dem Tischrahmen und wird dort mit mehreren Federn und Justierschrauben in Position gehalten. Meist gibt es drei Justierschrauben. Eine regelt die seitlichen Bewegungen, während sich die anderen an den beiden Enden der Tischvorderseite befinden und Bewegungen von vorn nach hinten und zur Seite regeln. In der Regel gibt es zudem Vorrichtungen, mit denen die einmal justierte Platte fest verankert wird.

Scharniergelenke
Diese Mechanik muss sorgfältig überlegt werden, denn die Scharniere werden am meisten beansprucht und müssen deshalb besonders robust sein. Jede Abnutzung in diesem Bereich kann Passerdifferenzen zur Folge haben. Gehen Sie bei der Prüfung sorgfältig vor, denn manche Druckplatten haben sehr stabile Oberflächen und Beine, jedoch schwache Scharniere, die einer längerfristigen Belastung beim Drucken nicht gewachsen sind.

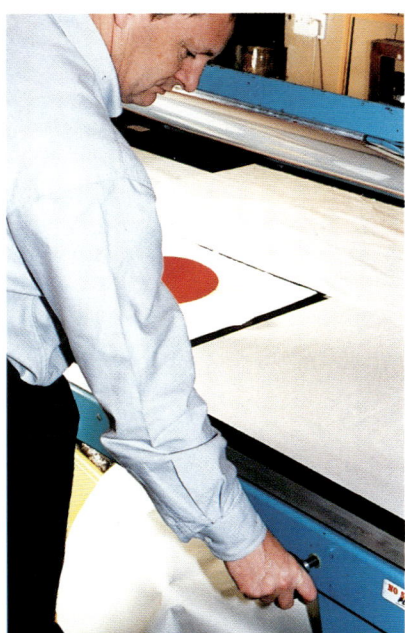

Oben: Scharniergelenke. Dieser Bereich des Drucktischs wird am meisten belastet, so dass eine häufige Wartung nötig ist.

Links: Vakuumtisch. Mit diesem Griff wird die gesamte Grundplatte bewegt.

Gewichte: gerades justierbares
Gegengewicht.

Siebhalterung mit einstellbaren Streben
und hängenden Gegengewichten.

Gegengewichte

Gewichte gibt es in verschiedenen Ausführungen: als gerades Gegengewicht
an der Rückseite des Drucktischs oder als hängendes Gewicht, das verhindert,
dass der Rahmen beim Hochklappen zu heftig anschlägt. Neuerdings haben manche Drucktische an der Unterseite eine Gegenfeder, die den Siebrahmen in Position hält. Alle Gewichte sind so einstellbar, dass der
Siebrahmen mit wenig Kraft angehoben und in Stellung gehalten werden
kann. Diese Justiermöglichkeit wird oft nicht genutzt, kann jedoch das
Drucken selbst bei einer kleinen Auflage erheblich erleichtern.

Siebrahmen

Es herrscht überwiegend Einigkeit, dass ein Rahmen besser geeignet ist als
zwei einzelne Streben. Solange er über gut justierbare Stangen verfügt und
sinnvoll mit den Scharnieren verbunden ist, liefert ein starrer Rahmen
die besten Ergebnisse. Dieses System hat zudem den Vorteil, dass unterschiedliche Siebgrößen mit wenig Justieraufwand verwendet werden können.

Klemmen

In den meisten Fällen enthält der Siebrahmen zwei Stangen mit Flansch-
sockeln als Auflagen für das Sieb. Man kann sie auf jede beliebige Siebbreite
einstellen und in dieser Position fixieren. An jeder Stange befindet sich ein
Paar einstellbarer Schnellspanner oder gelegentlich auch eine Spannvorrichtung mit Schrauben (siehe Abbildungen nächste Seite).

Absprunghöhe

Für die Einstellung des Absprungs gibt es zwei Schraubgewinde oberhalb
der Tischschwingen, mit deren Hilfe der Siebrahmen angehoben und abgesenkt wird. Die Füße an der Vorderseite des Rahmens sind üblicherweise
mit verstellbaren Schraubgewinden ausgestattet, mit denen man die Vorderkante höher oder tiefer stellen kann. Alle Gewinde müssen leichtgängig

Klemmvorrichtungen 1: Am gängigsten sind Schnellspanner wie diese.

Klemmvorrichtungen 2: Wird auf die Rückseite der Spannvorrichtung Druck ausgeübt, lässt sie sich besser feststellen.

Einarmrakel. Damit lassen sich größere Farbflächen drucken. Hier sieht man das Vorrakeln.

sein. Die Stellschrauben vorn am Rahmen passen meist in eine Anlegevorrichtung, um die Stabilität des ganzen Siebrahmens sicherzustellen.

Einarmrakel
Dieser am Drucktisch befestigte Metallarm eignet sich vor allem zum Drucken großer Farbflächen. Man klemmt eine Rakel in die Halterung ein und kann so einen stärkeren und gleichmäßigeren Druck auf das Rakelblatt ausüben. Dabei sollten auf beiden Seiten zwischen dem Rand der Schablone und dem Innenrand des Rahmens mindestens 20 cm frei bleiben, damit der Rakelzug richtig erfolgen kann und die Rakel sich über die Farblache hinweg auf die andere Seite bewegen lässt.

Beim Drucken wird die Farbe wie sonst auch auf das Sieb gegeben und mit der Einarmrakel vorgerakelt. Am Ende des Hinstrichs zieht man die Rakel etwas von der Farbe weg, hebt sie über die Farblache, kehrt den Winkel um und beginnt mit dem Rückstrich, der ebenso wie der Hinstrich erfolgt, jedoch in einem steileren Winkel. Der Rückstrich sollte stets zur Ecke mit den Anlegemarken hin erfolgen. Für den Hinstrich ist ein weitaus flacherer Winkel erforderlich.

Einige wichtige Aspekte beim Rakeln:

• Die Rakel sollte an beiden Seiten mindestens 2,5 cm breiter sein als die Schablone. Durch den beim Rückstrich ausgeübten Druck können die Rakelenden nachschleppen, mit der Folge, dass die Ränder bei zu schmaler Rakel nicht gedruckt werden.

• Die Gewichte am Rakelarm müssen mit den Gegengewichten in Einklang stehen. Rahmen und Rakel sollten so aufeinander abgestimmt sein, dass man den Siebrahmen mit geringem Kraftaufwand anheben kann, doch sollte sich der Rakelarm nicht schwer anfühlen, wenn man die Rakel am Strichende über die Farblache hinweg hebt. Wichtig ist, dass die Rakel nach jedem Hin- und Rückstrich vom Farbstreifen weg gezogen wird, damit keine Farbe heruntertropft.

• Auf dem Sieb soll sich nur wenig Farbe befinden. Halten Sie am hinteren Rahmenrand eine kleine Rakel bereit, um verlaufene Farbe vom Rand wegzuschieben. Frischen Sie die Farbe öfter in kleinen Mengen auf.

• Wenn Sie beim Drucken großer Farbflächen das Druckbild auf dem Papier prüfen, achten Sie darauf, nicht mit dem Hinterkopf die Farbschicht auf der Siebunterseite zu berühren, und zwar nicht nur, weil bunte Farbkleckse im Haar ausgesprochen lustig aussehen, sondern vor allem, weil Sie damit einen schönen Druck verderben können.

Belichtungsgeräte

Die einfachsten Belichtungsgeräte bestehen aus einer Quecksilberdampflampe (meist 125 Watt), einem Kasten mit einer Glasplatte auf der Oberseite, auf die die Schablone gelegt wird, und einer Vorrichtung, mit der das Licht abgeblendet wird, während man Schablone und Sieb oben auf dem Kasten ausrichtet. Eine etwas aufwändigere Version dieser Grundform ist beispielsweise das Graphoscreen-Gerät.

Meist belichtet man Schablonen mit einer Lichtquelle und einem separaten Kopierrahmen. In der Regel handelt es sich um eine Halogenglühlampe mit einer Leistung von 1 bis 5 kW. Diese Birnen müssen erst warm werden, bevor sie ihre volle Leuchtkraft erreichen. Das hat zweierlei Konsequenzen: Zum einen muss die Glühlampe die meiste Zeit eingeschaltet bleiben und ist deshalb mit einer Blende versehen, die zum Belichten geöffnet und wieder geschlossen wird. Bei vielen kann man während der Wartezeiten die Leuchtkraft verringern.

Zweitens ist die Leistung dieser Glühlampen unterschiedlich, je nachdem wie lange sie vorgeheizt bzw. verwendet werden. Die Belichtung wird

Lichtquelle, in diesem Fall eine 1-kW-
Halogenglühlampe.

Lichtmessgerät. Die kleine Fotozelle
sieht man in der linken unteren Ecke.

mit Hilfe eines Lichtmessgeräts berechnet, einer einfachen Fotozelle, die
den Lichteinfall misst und die Belichtung entsprechend berechnet, meist jedoch nicht die Belichtungszeit, sondern lediglich die Lichtstärke. Eine
Belichtungseinstellung von 30 Einheiten bedeutet deshalb, dass das Sieb
eine bestimmte Lichtmenge zum Belichten der Schablone erhält. Morgens,
wenn die die Glühlampe noch kalt ist, sind dies vielleicht sechs Minuten,
nachmittags dagegen, wenn sie eine Weile gebrannt hat, nur vier Minuten.
Solange die Belichtung auf dieselbe Anzahl Einheiten eingestellt ist, wird
stets dieselbe Lichtmenge abgegeben.

Dazu muss natürlich gewährleistet sein, dass der Abstand zwischen Lampe
und Kopierrahmen stets gleich ist. Sofern keine Angaben des Herstellers
zur Verfügung stehen, muss man diese Entfernung durch Ausprobieren
ermitteln. Soll die ganze Fläche des Siebs belichtet werden, sollte der Abstand
zur Lampe genau so groß sein wie der Diagonaldurchmesser der Glasplatte
am Kopierrahmen. Steht die Lichtquelle zu nah, fällt das Licht auf einen
Punkt, die Ränder der Schablone bleiben unterbelichtet. Steht die Lampe
zu weit weg, werden die Belichtungszeiten zu lang, die Schablone wird
minderwertig. Als Faustregel gilt: Verdoppelt man den Abstand zwischen
Lampe und Rahmen, benötigt man die vierfache Belichtungszeit. Halbiert
man den Abstand, benötigt man nur ein Viertel der Belichtungszeit.

Bereitet die Belichtungszeit dennoch Probleme, kann man auf die von
den meisten Herstellern von Direktemulsionen angebotenen Berechnungs-
hilfen zurückgreifen. Damit kann man anhand einer Belichtung berechnen,

ob unter- oder überbelichtet wurde und welche Zeitkorrekturen erforderlich sind.

Kopierrahmen

Ein Kopier- oder Belichtungsrahmen besteht aus einer großen Glasplatte in einem schwenkbaren Rahmen, dessen Oberteil mit Scharnieren versehen und mit einer biegsamen Gummimatte bedeckt ist. Unter Vakuum presst die Gummimatte Sieb und Schablone an die Glasscheibe. Man legt die Schablone auf die Glasplatte und das Sieb mit seiner lichtempfindlichen Schichtseite darauf. Das Oberteil des Rahmens mit der Gummiplatte wird abgesenkt und eingerastet. Nun schaltet man die Vakuumpumpe ein, so dass zwischen Glas und Gummimatte ein Unterdruck entsteht und die Schablone und das Sieb fest aneinandergepresst werden. Nun wird der Rahmen um 90° in die Senkrechte geschwenkt und kann belichtet werden.

Stapeltrockner

Zum Trocknen von Drucken verwendet man üblicherweise Stapeltrockner mit Drahtrosten, die durch einen Federmechanismus bewegt werden. Meist stehen pro Ständer 50 Roste zur Verfügung. Von allen Gerätschaften in einem Atelier werden Trockenständer den größten Belastungen ausgesetzt. Werden pro Rost mehrere Drucke gelagert oder stützt man sich zu fest auf, verbiegen sie sich. Die Federn nutzen mit der Zeit ab. Am besten trocknen Drucke, wenn die Luft gleichmäßig zwischen den Rosten zirkulieren kann. Sind die Roste verbogen oder die Federn defekt, werden die Drucke leicht beschmutzt oder beschädigt. Nach dem ganzen Aufwand des

Oben: Vakuum-Kopierrahmen.

Rechts: Stapeltrockner. Bei vorsichtiger Handhabung können bei größeren Auflagen mehrere Drucke auf einem Rost gelagert werden.

Target II von Pavel Makov, Ukraine. Siebdruck auf Arches 88-Papier, 59 x 71 cm, 1998, gedruckt durch Dennis O Neil bei Hand Print Workshop International, Alexandria, Virginia, USA.
Mit freundlicher Genehmigung von Hand Print Workshop.

Druckens ist es natürlich eine Katastrophe, wenn der fertige Druck im letzten Moment durch einen defekten Stapeltrockner ruiniert wird. Trockenständer sollten deshalb stets sorgfältig behandelt werden, dann halten sie jahrelang. Vorsicht ist auch bei gebraucht gekauften Ständern geboten.

Probeabzüge, Auflagengröße und Verzeichnisse

Früher ging man bei Siebdruckauflagen meist auf zweierlei Arten vor, je nachdem, ob es sich um ein professionelles Atelier oder einzelne Künstler/innen handelte.

Druckateliers stellten üblicherweise zunächst die Schablonen her, belichteten alle Siebe für die Drucke, machten fünf bis zehn Probeabzüge und nahmen dabei Farbkorrekturen und andere Änderungen vor. Erst wenn alle Vorarbeiten abgeschlossen waren und der Künstler/die Künstlerin den Andruck freigegeben hatte, wurde die Auflage gedruckt.

Allein arbeitende Kunstschaffende dagegen erstellten ihre Schablonen meist für sich direkt auf dem Sieb, machten davon Probeabzüge und korrigierten sie. Oft hatte dies den schlichten Grund, dass der Künstler nur einige wenige Siebe besaß.

Heute liegen die Dinge für die meisten irgendwo in der Mitte. Die Ateliers können sich den Luxus zeitraubender Probeabzüge und Korrekturen nicht mehr leisten und machen deshalb vor dem Auflegen nur noch Probeabzüge von zwei bis drei Farben. Ist der Künstler/die Künstlerin damit zufrieden, kann der Druck bis zu diesem Stadium erfolgen. Anschließend werden Probeabzüge der nächsten zwei oder drei Farben gemacht und die ganze Auflage bis zu diesem Punkt weitergedruckt. Kunstschaffende, die ihre Werke selbst drucken, verfahren ähnlich, da diese Methode die kostengünstigste ist.

Mehrere Faktoren müssen dabei in Betracht gezogen werden. Bis die

Feuchte Farbmuster. In Behältern wie diesen halten sich angemischte Farben monatelang, ohne einzutrocknen. Mit solchen Mustern lassen sich Farbtöne viel leichter abstimmen.

Auflage vollständig gedruckt und signiert ist, müssen die Originalvorlage und die Positive stets bereit gehalten werden, denn man weiß nie, ob und wann man eine Schablone nachgestalten muss.

Halten Sie fertig angemischte Proben aller verwendeten Druckfarben bereit, nicht nur der tatsächlich gedruckten Töne. Oft zeigt sich, dass nach mehreren Farbdurchgängen eine Nuance, die vorher nicht gut genug war, später genau richtig ist. Anhand einer fertigen Probe lässt sich eine neue Farbmenge leichter anmischen als anhand einer eingetrockneten Farbfläche in einem Druck, denn hält man sich an das feuchte Farbmuster, wird man weder von dem Papier noch von den angrenzenden Farbflächen abgelenkt.

Bei der Entscheidung über die Auflagengröße gibt es folgende Faustregel dafür, wie viele Reservebogen man einplanen muss: Wenn Sie Erfahrung im Siebdruck haben, kalkulieren Sie pro Farbe zwei verlorene Bogen oder zehn Prozent der gesamten Auflage, je nachdem, welche Zahl kleiner ist. Wenn Sie sich Ihrer Fähigkeiten nicht so sicher sind oder noch nicht genau wissen, wie der fertige Druck aussehen soll, dann planen Sie mehr ein.

Signieren

Standardpraxis ist das Signieren von Druckauflagen mit dem Bleistift, in der Regel einen gut angespitzten B-Stift.

Der Bogen wird meist, aber nicht immer, in der linken unteren Ecke auf dem freien Papierrand direkt unter dem Bild nummeriert. Dabei werden üblicherweise die Nummer des Bogens und die Auflagenhöhe angegeben,

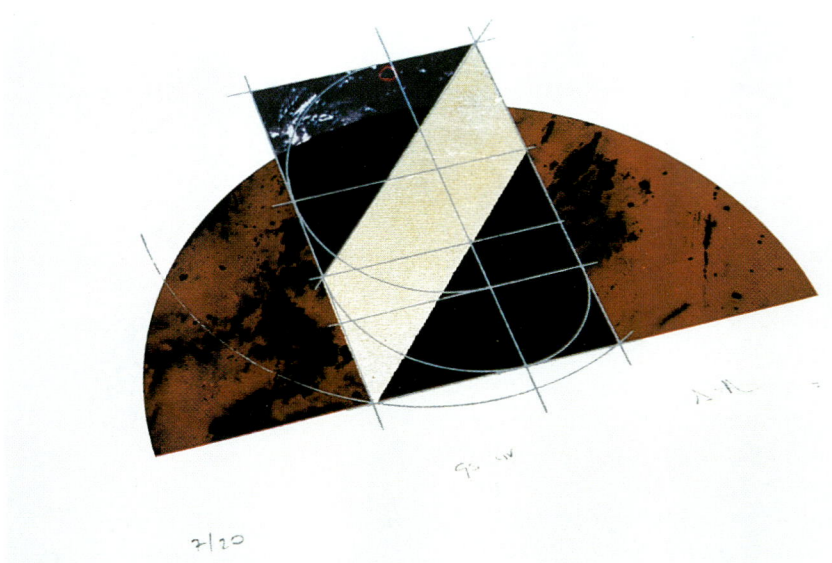

Auf diese Weise werden Druckauflagen nummeriert und signiert.

1/20, 2/20, 3/20 und so weiter, also Bögen 1, 2 und 3 aus einer Auflage von 20 Stück (siehe nächste Seite).

Der Künstler signiert den Bogen in der rechten Ecke des unteren Randes auf gleicher Höhe wie die Nummerierung. Der Titel des Drucks steht in der Mitte zwischen Nummer und Signatur. Als weitere Angaben werden über oder unter der Nummerierung akzeptiert:

- E.A. (Édition d'Artiste), im angelsächsischen Bereich A/P (artist's proof). Dieser Vermerk gibt an, dass diese Bogen Künstlerdrucke sind, die nicht mehr als zehn Prozent der Auflage ausmachen und dem Künstler gehören, wenn die Auflage von jemand anders herausgegeben wird.

- BAT (bon à tirer) ist die französische Bezeichnung für »Gut zum Druck« und dient als Imprimatur oder Druckfreigabe. Es handelt sich um den Bogen, den Künstler/in und Druckatelier gemeinsam als Originalvorlage für die Auflage festlegen. Das Druckatelier benutzt ihn anschließend zum Abgleich der fertigen Auflage.

- Druckerabzug (printer's proof) – von Künstler/in signierter Abzug im Besitz der Person, die den Druck tatsächlich ausgeführt hat

- Atelierabzug (studio proof) – von Künstler/in signierter Abzug als Archivbogen des Druckateliers

- H/C (Hors de Commerce) – unverkäuflich. Oft handelt es sich dabei um minderwertige Abzüge, die vom Herausgeber zu Werbezwecken verwendet werden, damit die eigentlichen Abzüge nicht zu Schaden kommen.

Einzeldrucke werden üblicherweise nicht nummeriert, da sie ja im Prinzip als Originale angesehen werden. Stellt ein Künstler mehrere Einzeldrucke anhand derselben Vorlage her, werden diese wie bei einer Auflage durchnummeriert.

Aufbewahrung

Drucke werden am besten liegend in entsprechenden Schubladenschränken oder Regalen aufbewahrt. Im Idealfall sollte zwischen den Bogen je ein Blatt säurefreies Seidenpapier liegen. Die Lagerung sollte in einem trockenen, kühlen Raum erfolgen. Vermeiden Sie unbedingt Schwankungen der Luftfeuchtigkeit, vor allem, wenn die Drucke in Plastikhüllen aufbewahrt werden. Die meisten Kunstschaffenden schweißen ihre Drucke in Plastiktüten ein, doch sollten nicht zu viele Bogen in einer Tüte gelagert werden.

Wichtig ist eine sorgfältige Registrierung der signierten und verkauften Drucke. Der Vorteil beim Siebdruck ist, dass die ganze Auflage normalerweise in einem Rutsch gedruckt wird. Probleme gibt es nur, wenn nicht alle Druckbogen zur gleichen Zeit signiert werden. Die meisten Kunstschaffenden, die ich kenne (ich selbst eingeschlossen), signieren ihre selbst gedruckten Bogen erst beim Verkauf. Das bereitet nur dann Schwierigkeiten, wenn man nicht sorgfältig darauf achtet, welche Auflagennummer an der Reihe ist. Es lohnt sich auch zu kontrollieren, wohin und an wen Drucke versandt werden. Der Vorteil des Auflagendrucks besteht darin, dass mehrere Exemplare gleichzeitig für Ausstellungen oder in Kommission abgegeben werden können. Bei den Internationalen Druck-Biennalen bedeutet das etwa, dass man den Bogen mehrere Jahre lang nicht wiedersieht.

Einer der großen Vorzüge des Druckens ist, dass man immer mehrere Exemplare eines Bildes zur Verfügung hat und deshalb seine Werke rings um den Erdball verschicken kann.

Für den Versand in Röhren empfiehlt sich ein Durchmesser von mindestens 10 cm. Druckbogen werden stets parallel zur Laufrichtung des Papiers aufgerollt, dabei zeigt das gedruckte Bild nach innen und wird mit einem Blatt Seidenpapier geschützt. Der aufgerollte Bogen muss etwas kleiner im Durchmesser sein als die Versandröhre. Die Druckrolle in Seidenpapier wickeln, dieses mit Klebestreifen befestigen und an den Enden nach innen einschlagen. So gleitet der Druck leicht in die Röhre hinein und wieder heraus. An beiden Enden der Röhre den Druck mit Seidenpapier sichern, die Kappen aufsetzen und zum Schutz gegen Feuchtigkeit mit Packband versiegeln. Wenn Sie so aufgerollte Drucke erhalten, nehmen Sie sie aus der Röhre und lassen sie eine Weile ruhen. Anschließend werden sie mehrere Tage lang beschwert und können dann flach liegend aufbewahrt werden.

Ich wünsche Ihnen viel Spaß und Erfolg beim Drucken und drücke die Daumen, dass Ihre Arbeiten den Weg zu vielen Ausstellungen weltweit finden werden.

And kissed him von Marcus Rees Roberts, GB. Mit freundlicher Genehmigung von Pratt Contemporary Art, Kent, GB.

GLOSSAR

Abdeckrot
Rote Tempera, die traditionell in der Reprografie zum Retuschieren von Negativen
benutzt wird

Absprunghöhe
Entfernung zwischen der Unterseite des Siebs und der zu bedruckenden Oberfläche. Lediglich
die Rakelkante darf mit Sieb und Papier in Kontakt kommen, sonst entstehen Probleme mit der
Oberflächenspannung des Gewebes

Adobe Photoshop
Professionelle Bildbearbeitungssoftware

Amberlith/ Rubylith
Schneidbare Maskierfilme für die Schablonenherstellung

Aufwerfen
Wird ein Papierbogen feucht, quillt er auf und wird wellig

Belichtungsgerät
Eine Kombination von Lichtquelle und Kopierrahmen (Belichtungsrahmen), mit der Schablonen
auf Sieben belichtet werden

Beschichtungsrinne
Zum Beschichten von Sieben mit Direktemulsion verwendetes Gerät

Bindemittel
Grundmasse, der die Farbpigmente zugesetzt werden

CMYK
Abkürzung für die vier Farben der Skala: Cyan, Magenta, Yellow und Keyline (Black) –
(Cyanblau, Magentarot, Gelb und Schwarz)

Densitometer
Gerät zur Messung der optischen Dichte, insbesondere fotografischer Schichten (Schwärzung).

Direktemulsion
Lichtempfindliche Kopierschicht zum Beschichten des Siebs, das anschließend belichtet und
entwickelt wird. So entsteht eine Schablone

Direkt/Indirekt-Methode
Hierbei wird eine Kunststofffolie mit einer lichtempfindlichen Emulsion beschichtet, die anschließend auf dem Sieb angebracht und dann erst belichtet wird oder aber zunächst belichtet,
ausgewaschen und dann erst auf dem Sieb befestigt wird

Dpi
Abkürzung für »Dots per inch« (Punkte pro Zoll) – Maßeinheit für die Computer-Grund-
einstellung der Rasterweite. Je mehr Punkte pro Zoll, desto feiner der Raster

Druckunterlage
Meist schwimmend angebrachte Druckbasis mit Einstellvorrichtungen, mit denen die Platte unab-
hängig vom Siebrahmen verschoben werden kann

Einarmrakel
Halterung für eine breite Rakel, mit der beim Drucken größerer Druck ausgeübt wird.
So können auch größere Flächen gleichmäßig bedruckt werden

Eintrocknen
Gemeint ist das Eintrocknen der Druckfarbe auf dem Sieb. Es geschieht von außen nach innen an den offenen (druckbaren) Stellen der Schablone. Die Folge ist, dass eigentlich saubere Ränder im Druckbild ausgefranst wirken und Details verloren gehen

Einzeldruck (Monoprint)
Ein einzelnes Druckbild, das meist direkt mit Druckfarbe auf das Sieb gemalt wird

Farbauszüge
Einzelne Schablonen, die nacheinander gedruckt werden, um die gesamte Farbpalette abzudecken

Fettkreide
Stifte auf Fettbasis, meist zum Bezeichnen und Beschriften von Glas verwendet; dienen hier für das Zeichnen von Schablonen

Fotopolymer-Kopierschicht
Oberbegriff für alle lichtempfindlichen Kopierschichten

Gewebe
Die Gaze, mit der das Sieb bespannt ist, wird als Gewebe bezeichnet. Sie besteht meist aus Polyestermonofilament

Halogenglühlampe
Hochleistungslampen für UV-Licht

Handdrucktisch
Bezeichnung für handbetriebene Siebdrucktische

High-Modulus-Sieb
Mit etwa 40 Newton (anstelle der üblichen 14 N) äußerst straff gespanntes Sieb, das im industriellen Druck bei extrem genauen Passern eingesetzt wird

Hochdruckreiniger
Mit diesem Gerät kann man die Siebe mit hohem Wasserdruck reinigen

Indirekte Schablone
Lichtempfindliche Schablone auf Polyester-Trägerfolie, die belichtet und ausgewaschen wird, bevor sie feucht auf das Sieb aufgebracht wird. Nach dem Trocknen wird die Trägerfolie abgezogen

Gekörnter Film
siehe Reprofilme

Kodatrace
siehe Reprofilme

Kopierrahmen
Auch als Belichtungsrahmen bezeichnete Vorrichtung, die Sieb und Schablone durch Unterdruck fest aneinanderpresst, während die Schablone mit UV-Licht belichtet wird

Laserfolie
Speziell für Laserdrucker entwickelte durchscheinende Polyesterfolie, mit der preiswerte Fotoschablonen gestaltet werden können

Lexan
siehe Reprofilme

Lpi
Maßeinheit für Raster. Sie bezeichnet die Anzahl Linien, die erforderlich ist, um ein der dpi-Zahl eines Rasters entsprechendes Gitternetz zu bilden

Mark Resist
siehe Reprofilme

Mikron
Maßeinheit u.a. für die Dicke eines Papierbogens

Moiré

Störmuster, das entsteht, wenn die Punktstruktur eines Rasters mit dem Fadenverlauf eines Gewebes kollidiert. Der Effekt wirkt wie bei Seidenmoiré

Quark Xpress

Weltweit führende Software für DTP-Anwendungen (Desktop Publishing) – Industrie-Standard

Rakel

Holz- oder Metallgriff mit Gummi- oder Kunststoffblatt, das beim Siebdruck zum Pressen und Abstreifen der Farbe verwendet wird verwendet wird

Raster

Mit Hilfe einer Punktstruktur können künstlich Farb-/Grauabstufungen geschaffen werden, um alle druckbaren Farbtöne darstellen zu können. Die Rasterweite wird in lpi (lines per inch, Linien pro Zoll) angegeben

RGB-Farben

Auf sichtbarem Licht basierendes Farbsystem zum Einscannen. Die Abkürzung steht für Rot, Grün und Blau. Das Bild wird zum Drucken in CMYK-Format umgewandelt

Reprofilm

Zum Erstellen von Schablonen verwendete Polyesterfolie, die üblicherweise glatt und matt ist. Markennamen sind z.B. Kodatrace und Permatrace. Die jüngere Generation ist strukturiert und wird unter Handelsnamen wie True Grain, Lexan oder Mark Resist vertrieben

Scannen

Verfahren, bei dem ein Bild in eine digitale Computerdatei umgewandelt wird

Schablone

Der Begriff kann sich sowohl auf eine Zeichnung beziehen, die als Vorlage für das Bild auf dem Sieb verwendet wird, oder für die Siebschablone selbst

Schneidefilme

Siehe Amberlith/ Rubylith

Shore

Maßeinheit für die Härte des Rakelblatts

Sieb

Mit Gewebe bespannter Rahmen, auf dem die Schablone aufgebracht wird

Stapeltrockner

Fahrbares Gestell mit Drahtrosten zum Trocknen von Druckbogen

Stufendruck

Herstellung mehrerer Positive von einem S/W-Negativ (meist ist eines unterbelichtet, eines normal belichtet und eines überbelichtet). Das Druckbild wirkt insgesamt kräftiger

True Grain

siehe Reprofilme

UV-Lichtquelle

Lampe für ultraviolettes Licht, mit der Schablonen belichtet werden

Vakuumbett

Oberbegriff für Handdrucktische mit Vakuumpumpe; meist ist lediglich die Druckplatte gemeint

Verzögerungsmittel

Dient zur verlangsamten Trocknung einer Druckfarbe

Dream Building (Gold) von William Christenberry, USA. Farbsiebdruck mit Schriftsatz, Auflage 57 Stück, veröffentlicht 2000. Gedruckt durch Dennis O Neil bei Hand Print Workshop International, Alexandria, Virginia, USA. Mit freundlicher Genehmigung von Hand Print Workshop.

NÜTZLICHE ADRESSEN

Viele der aufgelisteten Unternehmen sind in mehreren Ländern tätig.
Wir geben hier die Adresse in der Schweiz oder in Deutschland an.

Schweiz

www.sericol.com
Sericol AG
Baselstraße 55
CH-6252 Dagmarsellen
Siebdruckfarben

www.sp.sefar.ch
Sefar AG
Division Druck
CH-9425 Thal SG
Präzisionsgewebe für den Siebdruck

www.woc.ch
Windows of China
Postfach 20, Sägestraße 28
CH-4663 Aarburg
Papiere und (Folex)Folien

Deutschland

www.apollo-siebdruckbedarf.de
Apollo Siebdruckbedarf
Saselerstraße 59
D-22145 Hamburg
Siebdruckfarben und Zubehör

www.boettcher-sw.de
Boettcher AG
Annabergerstraße 113
D-09120 Chemnitz
*Trockner, Rahmen, Siebdruckformen,
Farben*

www.borchert-moller.de
Kreuzäckerstraße 11-13
D-72401 Haigerloch/Stetten
*Siebdruckzubehör, Siebspanndienst,
Mischen von Druckfarben*

www.coates.de
Coates Screen Inks GmbH
Wiederholdplatz 1
D- 90451 Nürnberg
Siebdruckfarben

www.eickmeyer.com
Eickmeyer GmbH
Siebdruck Service
Daimlerstraße 28-32
D-32257 Bünde
*Neu- und Gebrauchtmarkt von Sieb-
druckartikeln/Zubehör*

www.kiwo.com
Kissel und Wolf GmbH
In der Ziegelwiesen
D-69168 Wiesloch
Siebdruckzubehör

www.koenen.de
Koenen GmbH
Maiglöckchenweg 8
D-85521 Ottobrunn
*Siebdrucktechnik, Präzisionssiebe,
Siebwaschanlagen*

www.malen-drucken.de
Malen Drucken
Im Eulengrund 30
D-14089 Berlin
Website mit Infos zum Siebdruck

www.marabu-druckfarben.de
Marabuwerke GmbH
Asperger Strasse 4
D-71732 Tamm
Siebdruckfarben

www.oktogon-intaglio.de
Osterende 21 (Feldhof)
D-21734 Oederquart
Rakel, Drucktische, Belichtungsgeräte

www.proell.de
Proell KG
Postfach 429
D-91773 Weißenburg
Siebdruckzubehör und -farben

www.raabe-gmbh.de
Handwerkerstraße 60
D-70565 Stuttgart
Siebdruckfarben und Zubehör

www.siebdruck-gabler.de
Siebdruck Gabler
Wallbaumweg 89
D-44894 Bochum
Siebdruckfarben, Folien, Hilfsmittel

www.siebdruck-partner.de
Die Siebdruck-Partner sind ein Zusammenschluss von führenden Herstellern des Siebdruckbedarfs und regionalen Vertriebspartnern in ganz Deutschland. Die Partner vor Ort bieten individuelle Betreuung mit großer Angebotsbreite und umfassendem Siebdruck-Know-how.

Siebfüller

Gibbon Inks and Coatings
14-22 Coleman Fields
GB-London N1 7AE
»Safeguard Water Soluble Green Filler«

Verbände

www.bvd-online.de
Bundesverband Druck

www.esma.com
European Screen Printing Manufacturers Association

www.fespa.com
Federation of European Screen Printers Associations

LITERATUR

Carey, Francis und Anthony Griffiths: *Avant Garde British Printmaking 1914-1960.* The Trustees of the British Museum 1990.

Castleman, Riva: *Prints of the 20th Century.* Thames & Hudson 1988.

Dawson, John (Hg.): *Handbuch der künstlerischen Drucktechniken.* Freiburg 1983.

Desmet, Anne und Jim Anderson: *Drucken ohne Presse. Eine Einführung in kreative Drucktechniken.* Verlag Paul Haupt 2000.

Doppen, Jan van: Handbuch für den Siebdruck. Lübeck 1986.

Faine, Brad: *Dumont's Handbuch Siebdruck.* Geschichte, Technik, Praxis. Köln 1991.

Gilmour, Pat: *Ken Tyler Master Printer.* Australian National Gallery & Hudson Hill Press 1986.

Gilmour, Pat: *The Mechanised Image.* Arts Council of Great Britain 1978.

Hansen, Trudy V., David Mickenberg, Joann Moser und Barry Walker: *Printmaking in America Collaborative Prints and Presses.* Harry N. Abrams Inc. 1995.

Hening, Roni: *Water-based Screenprinting.* Watson Guptill 1994.

Homann, Heinz J.: *Siebdruck-Lehrbuch.* Druckformherstellung. Homann 1995.

Ivins, William M.: *Prints and Visual Communication.* Routledge and Kegan Paul Ltd. 1953.

Krill, John: *English Artists Paper.* Trefoil Publications 1987.

Mara, Tim: *Screenprinting.* Thames & Hudson 1979.

Peyskens, Andre: *The Technical Fundamentals of Screen making.* SAATI S.p.a., Abteilung Siebdruck, Como, Italien 1989.

Rombold, Andreas: *Siebdruck und Serigraphie.* Seemann 1995.

Saff, Donald und Deli Sacilotto: *Printmaking History and Process.* Holt, Reinhart and Winston Inc. 1978.

Scott, Paul: *Drucken auf Keramik.* Verlag Paul Haupt 2002.

Stephens, John: *Screen Process Printing.* Blueprint 1987, 2. Aufl. 1996.

Stiebner, Eberhardt D., unter Mitarbeit von Johannes Determann: *Bruckmann's Handbuch der Drucktechnik.* München 1976, 4. Aufl. 1986.

Tallman, Susan: *The Contemporary Print from Pre-pop to Postmodern.* Thames & Hudson 1996.

Technische Abteilung des Verbandes britischer Papier- und Kartonhersteller: *Paper Making: a general account of its history, processes and applications,* 1950.

REGISTER